如何打造第一品牌

杜云生◎著

南方日报出版社
NANFANG DAILY PRESS
中国·广州

图书在版编目（CIP）数据

如何打造第一品牌/杜云生著．—广州：南方日报出版社，2010.11
ISBN 978-7-5491-0065-1

Ⅰ.①如… Ⅱ.①杜… Ⅲ. ①企业管理：质量管理 Ⅳ.①F273.2

中国版本图书馆CIP数据核字(2010)第163814号

如何打造第一品牌

著　　者：杜云生
责任编辑：刘志一
E－mail：liuzhiyiliuzhiyi@sina.com
出版发行：南方日报出版社
地　　址：广州市广州大道中289号
电　　话：（020）87373998-8502
经　　销：全国新华书店
印　　刷：广州培基印刷镭射分色有限公司
开　　本：889㎜×1194㎜　　1/16
印　　张：13.5
字　　数：250千字
版　　次：2010年11月第1版第1次印刷
定　　价：38.00元

投稿热线：（020）87373998-8503　读者热线：（020）87373998-8502
网址：http://www.nanfangdaily.com.cn/press　http://www.southcn.com/ebook
如发现印装质量问题，影响阅读，请与承印厂联系调换。

推荐序

在乌干达有750万人口都是咖啡农，年产350万袋质量优良的咖啡豆，一公斤的卖出价格是0.14美元。但是这样喊不出牌子的咖啡豆如果转手到西方发达国家，变成有品牌的豆子，结果就不一样了，它可以用每公斤25美元以上的高价卖出，利润足足翻了近两百倍。

品牌的重要性以及它为企业带来的利润，从该案例中，可见一斑。对于消费者而言，品牌意味着价值的认同、质量的保证；对于市场中间商而言，品牌意味着服务的完善、盈利的丰厚；对于生产企业而言，品牌意味着无形资产的提升以及为企业在各个环节带来的便利因子。

企业最后决胜负的关键就在于品牌。不论是哪一种产业都发生了产品逐渐趋同的现象，品牌是唯一能够产生成效差异化的最佳因素。中国创富教育第一人杜云生老师的最新力作——《如何打造第一品牌》，直接解读了打造品牌的奥秘。这是作者多年实战心得的总结，观点独到，案例真实。通过几十个极富学习和借鉴价值的中外案例，杜云生老师向各位读者展现的，是如何通过成功经营品牌，来实现对产品和企业的成功经营。对有志于从事品牌的读者，不论是否有经验，这本书都提供了很好的思路和方法，从品牌的定义、打造品牌的22个法则到品牌的管理，都有详细的分析和讨论。

不管读者阅读以后是否准备信服其说法，或者采纳其建议，我深信此书一定会带给你很有价值的启发。

《和谐颂》音乐创作人　于艾平

2010年10月

1

自　序

在国内耐克OEM贴牌公司里，同样品质的运动鞋，贴上耐克牌子可卖600多元，用自己的牌子仅卖不到100元；占据全球市场份额30%的中国领带业，利润却不及世界的5%；产量占全球80%的中国手表业，平均出口价格仅为1.3美元，而瑞士手表的平均出口价格却高达329美元。

“如果全世界的可口可乐工厂在一夜之间都化为灰烬，那么我相信第二天在全世界会有很多银行排队要求给我贷款。他们看中的不是我的工厂，看中的是可口可乐价值400多亿元的商标。”这是可口可乐老总曾经说过的一句话。

…………

上述的这些案例，是否让你从中得到某些启发？品牌与非品牌的差异竟如此之大？究其根本是什么原因？

这其中的原因将是本书探讨的重点，找到这些现象背后的基本规律，你便能在市场营销中事半功倍。

在全球经济一体化不断加强的趋势下，品牌是价值链上最有价值的环节，但是大多数中国企业不知道怎么做。在全球化品牌竞争的今天，尽管我们中国不少企业也在积极地塑造自己的民族品牌形象，可是如何打造商界第一品牌？如何缩小与品牌国际的差距？应该注意哪些问题，应该避免犯哪些错误？这都是中国许多企业家面临的挑战。如果不想办法应对这些挑战，中国企业不仅无法诞生与世界级品牌媲美的品牌，还将逐渐丧失自己的竞争力。

当然，建立一个品牌不是一蹴而就的事，而是需要长时间的资源投入。比如，世界著名品牌三星也是花了30年的时间，才建立起目前的地位。所以切勿在看到品牌为企业带来利益时，就急功近利，而是要了解市场营销背后的规律，掌握这些规律你才能更快、更有效地建立起自己的品牌。这些规律不会因时间的变化而变化，它们像自然规律一样，你一旦违背它们，你的企业就会岌岌可危。这些规律在本书中都将有详细阐述，即第二篇“品牌战略的22条法则”。而本书的第一篇则告诉你什么是品牌，让你更好地了解品牌，而本书的最后部分告诉你如何管理你的品牌。从品牌的定义、打造品牌的方法到品牌的管理，本书都提供了切实可行的理论和实战经验。

最后，希望你在轻松的阅读中，能找到解决你企业困惑的方法。

杜云生

2010年10月

目 录
Contents

推荐序 //1

自 序 //1

第一篇 品牌认知

第1章 什么是品牌 //3
第2章 为什么要打造品牌 //9
第3章 任何产品都能品牌化吗 //23

第二篇 品牌战略的22条法则

第4章 第一条：领先法则 //31
第5章 第二条：类别法则 //39
第6章 第三条：心智法则 //51
第7章 第四条：认知法则 //57
第8章 第五条：众口铄金原则 //65

第9章　第六条：焦点法则　//71
第10章　第七条：排他性法则　//79
第11章　第八条：阶梯法则　//85
第12章　第九条：二元法则　//91
第13章　第十条：反向法则　//97
第14章　第十一条：分裂法则　//103
第15章　第十二条：长期观点法则　//111
第16章　第十三条：品牌延伸法则　//119
第17章　第十四条：牺牲法则　//127
第18章　第十五条：属性法则　//135
第19章　第十六条：坦诚法则　//141
第20章　第十七条：单一法则　//147
第21章　第十八条：不可预测法则　//153
第22章　第十九条：成功法则　//159
第23章　第二十条：失败法则　//165
第24章　第二十一条：加速法则　//171
第25章　第二十二条：资源法则　//177

第三篇　品牌管理

第26章　什么是品牌管理　//185
第27章　如何长期维系品牌资产　//191
第28章　品牌化的挑战与机遇　//197

第一篇

品牌认知

1

第1章 什么是品牌

品牌是通过产品、附加值、承诺和识别与顾客建立起的一种关系。

本书的重点在于教你如何打造第一品牌，一旦掌握了这些方法，你就可以轻松地通过品牌效应增加利润。但是在学习这些方法和技巧前，你先要了解一些关于品牌的概念和要素，才能更好地掌握接下来要讲的重点知识。

其实，品牌对于大家来说，并不陌生，它与我们的生活息息相关。越来越多的人在消费时，会趋向于选择品牌，因为其质量和服务更有保证。而越来越多的公司也认识到，最有价值的资产之一是与各种产品和服务相关联的品牌。这就使得品牌成为了人们关注的焦点。

那么，到底什么是品牌呢？

举个简单的例子来说明一下。假如生产一双鞋子的成本是90元，但是它一旦打上一个钩（耐克的标志）或者三杠（阿迪达斯的标志），它的“身价”立马会升到几百甚至上千元。再比如，一个空调，本来制造成本仅要800元，但一贴上两个小孩（海尔的标志），它就可以卖到2000多元。

这是为什么呢？为什么同样的产品贴上不同的标志，价格会截然不同？这实际上就是我们说的品牌价值。

看到海尔的标志，我们会想到真诚服务到永远，想到海尔高品质的产品，想到海尔砸冰箱的故事，等等。这一系列的联想和感受的总和，就是海尔的品牌。

再如，提到茅台你想到的是什么？想到国酒、酱香、历史悠久。提到沃尔沃你会想到什么？安全。提到海飞丝你会想到什么？去屑。诸如此类的联想和感受就是品牌。

在面对日益纷繁的选择时，顾客更习惯用某种概念和符号进行快速决策，经过企业、媒体和专家们多年不知疲倦的教育（包括广告轰炸），“品牌”就替代产品成为顾客生活中的新名词和新识别符号。有关品牌对顾客的作用可详见下页图。

关于什么是品牌，业界有各种不同的表述，但是顾客以及顾客的感受（或者体验）均被放到最重要的地位。奥美在阐述其对品牌的认识时强调，在今天任何东西都可以成为品牌，

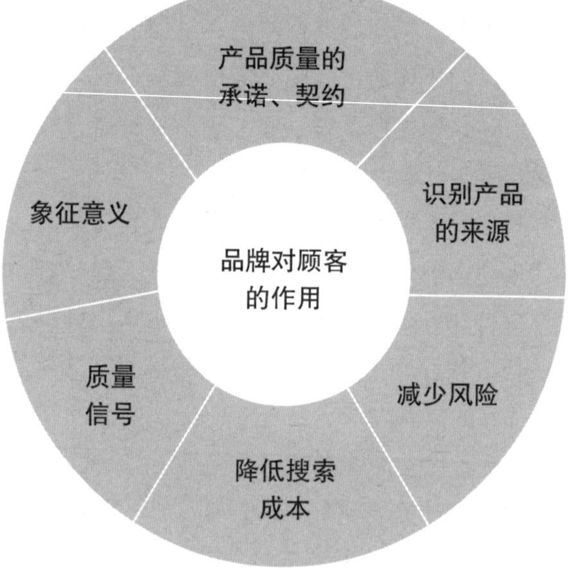

品牌是一个动词，品牌就是在顾客的头脑中创造信任。三星为了创建“酷品牌”，定期和调研公司对顾客的生活进行跟踪分析，了解顾客的需求并回应他们的反应，将顾客与品牌的关系从强到弱分为13层不同类型的“顾客—品牌”模型。

事实上，半个世纪以前，品牌形象理论的代表者大卫·奥格威对品牌做出这样的定义：“品牌是一种错综复杂的象征，它是品牌的属性、名称、包装、价格、历史、声誉、广告风格的无形组合。”这个定义受到了不少国际性广告公司和咨询公司的广泛认同和传播。

但是，这是广告界的定义，准确地说是传播意义的品牌定义，并没有真正切中品牌的要害。本质上，品牌是一个营销概念，而非传播概念。

品牌是通过产品、附加值、承诺和识别与顾客建立起的一种关系。它可以通过品牌视觉符号、产品（服务）、品牌附加值以及品牌承诺四个角度加以诠释。下面，我们就从这四个不同的角度分别作出分析：

第一，品牌是一种视觉符号，企业标志和标志语等经过宣传后成为品牌的一部分，但并不是品牌的全部。企业标志和标志语可以随着企业的发展而重新更换，但品牌的价值却不断累积。比如宝洁，宝洁公司及其旗下各品牌取得的巨大成功使得品牌的概念深入人心。

第二，产品（服务）是品牌构成的核心和基础，但仅有产品品质或者优质服务并不等于就有了品牌，产品（服务）只是品牌价值构成的基本的功能性要素。下面，我们以可口可乐为例进行说明。

品牌价值最高的是可口可乐，它有多少技术含量?

有人说它技术含量很高，有一个别人都不知道的秘密配方，在保险柜里锁着，过了100年了，现在不到五个人知道。大家想由100年前的一个药剂师，一不小心将两种药错配在一起而产生的一种产品，能有多神秘？凭现在的科技会不知其配方么?

即使可口可乐有一个秘方，是不是秘方就是最好的饮料配方？如果另一家企业可能生产一种饮料比它还好喝，或者我说我掌握了这个秘方，别人相信吗？那个秘方到底有多神奇？最重要的是通过宣传，大家都相信了可口可乐有一个秘方很神奇。

可口可乐最大的成功在于品牌运作得好。

可口可乐的制造商、品牌商和灌装企业是分开的。可口可乐自己是不罐装的，是销售商来生产。可口可乐就是运作品牌，另一个就是掌握母液，就是可口可乐的原浆。就让顾客不知道里面是什么。没人知道里面是什么，其实里面是什么都不重要，重要的是可口可乐已经把品牌做出来了，人们都接受了这个品牌。

第三，品牌是一种高于产品的附加值，它包含情感、文化的东西。客户通过使用具有品牌价值的产品（服务）可以表达其个人价值主张或个人形象的社会价值。比如，看到奔驰，你会想到它是身份和地位的象征，这就是品牌赋予产品的文化和价值。

第四，品牌是一种承诺，是一种无形的契约关系，是企业对客户的最终承诺，它代表了持久的客户信赖关系。比如艾维斯，它只是顾客租车市场的老二，而不是第一。因为第一已经被他人占有了，它承认了自己的不足，反而赢得了客户的信赖。这就是承诺。

品牌是顾客的综合感受也逐渐成为专家们普遍接受的观点，顾客洞察也日益成为热点话题。

但是问题是，在中国这个品牌尚处于启蒙期和培育期的国度，企业、专家和顾客对品牌的理解度并不对称。顾客所谓的品牌消费习惯往往和成熟市场的消费习惯有很大的出入，令企业和专家在判断时屡屡出现失误，品牌中途夭折和折戟沉沙的案例也层出不穷。品牌，尤其是强势品牌，具有许多不同种类的联想，因此，营销者必须在制定营销决策时考虑周到，否则，公司会深受其害，付出惨重代价。全面的营销方案不仅有利于顾客对品牌的理解，还能帮助顾客更好地评估品牌。比如，曾经被誉为“中国魔水”的健力宝、发明VCD的万燕等。

在后面的章节中，我们将会和大家重点探讨这方面的问题，以及寻求解决之道。

精彩回顾

1. 强势的品牌可以让顾客产生多种联想，这有利于产品的销售。

2. 品牌在国内虽然并没有被广泛关注，但它将是企业决胜未来的兵器。

第2章
为什么要打造品牌

市场竞争转化为品牌竞争，从根本上讲，品牌就是财富所有权的象征。因此，对于企业而言，打造第一品牌势在必行。

1992年，美国最后的彩电企业被韩国的企业收购了。韩国人欢呼雀跃：美国的工业被我们打败了。后来大家知道了，不挣钱的行业美国不干，彩电行业已经不怎么挣钱了。

那么，美国人做什么去了呢？

做高科技产品，像软件、处理器等这类产品，同时，做品牌去了。

世界品牌价值最高的前十个品牌美国占了七个。

在经济全球化的趋势下，品牌是价值链上最有价值的环节，从美国致力于品牌建设的案例，便可见一斑。但是亚洲的企业尤其是中国的很多企业，既不知为何要创品牌，更不知如何打造自己的品牌。

未来，每个行业要面对的问题各有不同，比如汽车业、服务业、日化业等，各自要解决的专业问题大相径庭，但是，各产业只有一个共同无法回避的挑战，那就是品牌。打造品牌的能力是解决产业升级最重要的核心，这种能力在未来很长时间内还有不断成长的空间，也是企业最具有竞争力的武器。

一个企业没有品牌会怎么样呢？

假如你现在生产一种新产品，为了推广该产品，你聘请了很多业务员去推销。结果会怎么样呢？如果这时候，你让你的业务员打陌生拜访电话，顾客很有可能会说，你们这个产品我没听说，你们公司我更加不清楚……然后“砰”地一声把电话挂掉。而那些一头冲向市场、上门推销的业务员，则垂头丧气地回来对你说，老板，顾客没听说过我们的产品，所以产品卖不出去。

为什么会出现这种状况呢？其实原因显而易见，就是你的企业和产品在市场没有知名度，所以不被顾客接受。因此，你的业务员费了很多力气，也没为你推销出一个产品，所以你聘请业务员的那些钱打水漂了。如果你的企业和产品在市场上有一定知名度，结果则是截然不同的。如果你把资金更多地投入到打造品牌上，让顾客对你的产品有较高的认可度，那么你的业务员就可轻易地把产品卖出去，你企业的业绩也就可以翻一番了。是不是打造出一个品牌来，让你的销售省力但更赚钱呢?

其实，打造品牌就是行销的一种手段，它可以让你花最少的钱，赚最多的钱，让你花最小的力气，做最多的事情。所以说，顾客如果没有听过你公司或者产品，那是你的行销工作没有做好。你的品牌有没有无处不在，你的企业文化有没有深入人心，决定了你推销东西的时候是否更省力赚更多钱。

如果你拿名片给潜在客户，客户说没有听过你的公司，这样卖东西应该很费力，但如果潜在客户一看名片，就说我听过你们公司，这样你卖起东西来就省力，更好的方法是连名片都不用拿出来，顾客就说知道你的公司。这就是品牌与没有品牌的区别所在。

企业的终极武器是行销，行销的终极任务就是让你的品牌深入人心，简单地说，就是要打造第一品牌。只有第一品牌才会深入人心，再简单地讲，行销就是品牌。

品牌的重要性日渐被企业所认识和重视，但遗憾的是，很多企业掉进一个误区，那就是：打造第一品牌等于制造一个品质优良的产品。市场真的是这样的吗？

现在我们假设一下，你走进一个超级市场去买电器，比如是电视机。这个时候，你看到商场里的索尼电视机和TCL电视机的价格差不多。那么，我想请问一下，你会买哪个品牌呢？

很多人会说索尼。这是为什么呢？因为很多人认为索尼的品质比较好，制造电器应该也很棒的，所以他们生产出来的电视机应该也是优良的电器。

索尼的产品真的比TCL好很多吗？大家认为索尼的品质好，但会不会将索尼的电视机和TCL的电视机拆开来看，比较一下索尼电视机和TCL的显像管，到底哪个好呢？你会检查哪一家的零件好，检查谁的品质好吗？你会做品质检查吗？不会。如果是通过这些来分辨品质的话，那么你一定是个内行。但你为什么会买索尼的电视机呢？

很多人说因为口碑，因为它形象好，因为听说它比较好，因为感觉它比较好。对，这就是品牌的力量，也是一种品牌认识。

顾客对于这个品牌的感觉和认知，以及他听到这个品牌后所产生的各种联想，就是品牌的力量。实际上索尼跟TCL哪个品质更好，顾客也不知道。在顾客购物的时候，在他分辨不出品质好坏的时候，他就以品牌决定品质，品牌就是品质。

实际上索尼跟TCL一样好，为什么呢？同样日本索尼的零件，给TCL去组装，打上TCL的品牌，同时索尼也委托TCL打上索尼的品牌，索尼就是这样跟TCL合作的。

换句话说，两批电视来自同一个工厂，同一批工人，但是打上两个不同的品牌，结果就是索尼比较畅销，而且卖得还比较贵。

从某种意义上说，企业“以质取胜”已成为过去，企业品牌形象的差异正在取代传统的商品本身的差异，企业卖的不再是差异化的商品，而是差异化的品牌理念。

一件产品可以被竞争对手模仿，但品牌则是独一无二的。产品容易很快过时落伍，但成功的品牌是持久不衰的！

未来的营销是品牌的竞争，拥有市场比拥有工厂重要得多，而拥有市场的唯一途径是拥有具备市场优势的品牌。

这是品牌对于企业的意义。随着经济的全球化，我们面临着西方企业大规模的“侵略”，“侵略”我们民族的生存空间。它们“凭”的又是什么？就是品牌。

市场竞争转化为品牌竞争，从根本上讲，品牌就是财富所有权的象征。

但并不是所有产品都需要品牌支持才能卖得出来。譬如大家一看到这张桌子，就是玻璃，就是桌子，很多人不需要比较品牌，看到桌子就可以决定要跟谁买。

但是一个信息不对称的产品，尤其需要品牌。如果你卖的是药，卖的是保健品，你说你的保健品能治百病，可是人家一问是什么牌子的，结果没听说，那么还有谁敢买？但如果人家一看，是北京同仁堂的，很可能就会买回去试试看。

因为这个保健品或者是药品信息不对称，顾客不了解厂家葫芦里卖的是什么药，而只有生产者，我们销售方非常了解我们的产品是什么。

在这样的情况下，你必须要用品牌的力量来使别人更相信你，只有第一品牌能取得更大的信任。顾客相信第一品牌的产品是最好的，安全的，值得一试的。

接下来，再举些生活中的例子，你就明白品牌的重要性了。

一想到要吃汉堡包，你想到麦当劳；一想到要吃炸鸡，你想到肯德基；一想到要喝可乐，你想到可口可乐；一想到要剃须刀，你想到吉列；一想到口香糖，你就想到绿箭。

这就是第一品牌的力量，只有第一品牌会赢得最多顾客的信任，吸引最多人才，占有最大的市场，并且拿到最好的利润。

要做就做第一品牌，第二品牌、第三品牌通常赚的钱永远比不过第一品牌，所以第一品牌就是顾客公认的，想到什么东西就先想到某个品牌。

而这本书就是要分享给所有的想成为第一品牌的产品制造商、产品开发商，如果你自创品牌的话，这个方法将让你在三到五个月内有机会成为第一品牌。

如果你今天不是一个产品制造商、开发商，你是一个经销商，你是一个代理商，你只是做渠道，你帮别人卖东西，你一样要学这堂课——如何打造品牌。

你没有产品，那么你可以利用“如何打造品牌”这个课程打造你的渠道品牌。世界上很多公司，就是因为做渠道品牌而闻名于世的。比如，沃尔玛没有生产产品，但它是世界著名的渠道品牌；7—11没有生产产品，它同样是世界著名的渠道品牌，商店品牌。

这些商店、企业，所有的产商都想主动找它卖东西，所有顾客都想主动找它买东西。所以将你的商号、经销商公司的名号打造成第一品牌，它同样能为你带来源源不断的收入。

如果你想三到五年内成为行业顶尖的名人，顶尖人物，专家，一定要学习这堂课——如何打造你个人的第一品牌。比如：想到喜剧，我们想到周星驰，“周星驰”三个字已经成为喜剧之王的代名词了。

想要看武侠小说，想到金庸，看爱情小说就想到琼瑶，其实人的名字也代表一个形象，代表一个印象，代表一种联想，代表读者、观众的感觉和认知，这也是一种品牌的力量。

一旦你成为行业中最有名的那个人，所有潜在顾客有需要买你产品的时候都主动上门找你，你会吸引最多人才，最多顾客，最好的利润。

你走到火锅店，有人叫你喝啤酒，你说多少钱，他说买二送一，送开瓶器，你不一定会喝。但如果有一天你想喝啤酒，你主动会说，给我来啤酒，人家说什么啤酒，你说青岛啤酒。为什么？因为青岛啤酒已经把自己行销成中国啤酒第一品牌。甚至是行销到亚洲其他国家去。

好的行销就是把自己变成第一品牌，把自己的产品变成第一品牌，把自己的商号变成第一品牌，把自己个人的名字变成第一品牌，并且吸引有需要的顾客主动上门。

这是所有竞争最终的方式，所有竞争方式最好的秘密武器，所有竞争最后打的就是品牌战。

假如今天你想要把品牌这一堂课学好的话，你就不能不了解两个字，现在我跟大家分享的两个字叫定位。什么叫定位？就是把自己的位置定好，一旦你坐上龙头老大的宝座，别人就移动不了。

什么叫定位？代名词策略。什么叫代名词策略？比方说我昨天不舒服，到现在还有一点昏昏沉沉的，请你帮忙到药房买一包康泰克。

请问你会买什么药？感冒药对吗？你该不会买避孕药吧。为什么要买感冒药？我讲“康泰克”三个字，我并没有讲感冒药，你就主动买感冒药。

因为“康泰克”这三个字是品牌，而感冒药是品名，是产品的名字，这个品牌康泰克我不用“感冒药”三个字，讲出康泰克，你就主动买感冒药，表示康泰克已经成为感冒药的代名词了。

顺便到药房帮我买一包邦迪，这是什么？你说创可贴，为什么？我讲邦迪，我没有讲创可贴，你就主动说创可贴，因为“邦迪”两个字已经成为创可贴的代名词了。

所以我不要讲邦迪牌创可贴，你就去买创可贴，因为代名词策略成功，定位成功，让自己成为老大了。

周星驰是喜剧之王定位成功，定位成功就是画上等号，康泰克等于感冒药的代名词，周星驰等于喜剧之王，对不对？赵本山等于小品，吉列等于剃须刀，绿箭等于口香糖，麦当劳等于汉堡包，可口可乐等于可乐……他们都是第一品牌的典范，他们都使用到定位的原则，他们都使用了代名词策略。

想知道代名词在中国是如何运作成功的吗？在广东一带卖凉茶的有黄振龙，有王老吉，多年以来打得难舍难分，不知道谁好。

如果你是广东的朋友，请问黄振龙凉茶好还是王老吉凉茶好，很多人说分不出来谁品质好谁不好，但全中国现在一问大家，请问想到凉茶第一品牌想到谁，大家都说王老吉。王老吉的成功是因为他们重金聘请广告公司为他们策划成功定位。

广告公司说你想要成为第一品牌，你要使用定位，定住一个位置，你想成为一个什么代名词。你想定在什么位置上？王老吉说凉茶，中国人说怕上火喝凉茶，于是我们把“凉茶”两个字换掉，把“王老吉”三个字换上去，偷梁换柱。

我们把“怕上火喝凉茶”改成“怕上火喝王老吉”放在宣

传口号里面去，全中国一宣传，顾客一看到这句话，怕上火应该喝凉茶的，而这个凉茶就是王老吉，所以凉茶等于王老吉，王老吉等于凉茶。

把凉茶置换成王老吉的方法，就等于在顾客脑子里植进了一个等号，王老吉等于凉茶，凉茶等于王老吉，定位成功，超越竞争对手，即使它的凉茶品质未必有对手好，但对不起，它在销售市场上赢了。

代名词策略，想知道任何的信息吗？百度一下就可以了，你有没有听过这句话呢？我从小到大，从来没有听过“百度一下”，我查字典也不知道什么叫“百度一下”，但是现在，我们每个人听到这句话都知道，那就是“搜索一下”的意思。

百度企图成为搜索引擎的代名词，所以想知道什么信息搜索一下，在每一个人心目中是一个共同的标语。

百度公司把“搜索一下”，代换成“百度一下”，企图成为搜索引擎代名词，终于成为中国搜索引擎第一品牌，所有人想到搜索想到百度，想到百度想到搜索，等号画上了，定位成功，这就是代名词策略。

如果我说我去买三星，你会买什么，很多人会说手机，也会有人说电冰箱，还有人会说什么？电脑。如果我说买LG，你会想到什么，很多人说是买电视机，很多人还说买手机，也有人说电冰箱，为什么呢？

他们这些都是不会定位，没有成为代名词的品牌，他们企图用一个牌子成为所有产品的品牌，他们一个牌子下面包含了所有产品。事实上，一个包罗万象的牌子，是什么都不包含。

他们在手机领域会说专业的定位成功的龙头老大。我说买诺基亚，肯定是说手机，他们在显示屏领域又输别人，他们在某一个产品领域又输别人。

他们表面看起来是多元化，是一个大企业，但实际上他们每一个产业都输给那个产业的龙头老大。如何成为第一品牌？

做好定位，用好代名词策略。如何用好代名词策略？大自然有规律，春夏秋冬，潮起潮落，花开花落，一年四季，这样的规律，任何人不可以违反这样的规律。你只能顺应规律，在规律中顺势而行。

春夏秋冬你要记得穿不同的衣服，黑夜白天你记得要有作息时间，所以人不可以胜天，因为天有它的规律，你只要顺应着，了解了大自然的趋势，你会一帆风顺，逆反了大自然趋势，你会岌岌可危。

品牌和行销一样有规律，顺应这个规律则一帆风顺，违反这个规律你的企业将岌岌可危。

综上所述，我们可以总结出打造品牌的原因：

第一，品牌是产品或企业核心价值的体现。

品牌不仅使商品销售给潜在顾客或顾客，而且让顾客通过使用对商品产生好感，从而重复购买，不断宣传，形成品牌忠诚，使顾客重复购买。一些企业更为自己的品牌树立了良好的形象，赋予了美好的情感，或代表了一定的文化，使品牌及品牌产品在顾客心目中形成了美好的记忆，比如“麦当劳”，人们看到这个品牌会想到这是一种美国文化，快餐文化，会联想到一种质量，标准和卫生，也能由“麦当劳”品牌激起儿童在麦当劳餐厅里尽情欢乐的回忆。

第二，品牌是质量和信誉的保证。

企业设计品牌，创立品牌，培养品牌的目的是希望此品牌能变为名牌，于是在产品质量上下功夫，在售后服务上做努力。比如“海尔”，作为家电品牌人们提到优质“海尔”就会联想到海尔家电的高质量，海尔的优质售后服务及海尔人为顾客用户着想的动人画面。再如“耐克”作为运动鞋的世界知名品牌，其人性化的设计、高科技的原料、高质量的产品，为人们所共睹。“耐克”代表的是企业的信誉、产品的质量。品牌——企业竞争的武器。

树品牌、创名牌是企业在市场竞争的条件下逐渐形成的共识，人们希望通过品牌使产品和企业有自己更加鲜明的特征，通过品牌扩展市场。品牌的创立，名牌的形成正好能帮助企业实现上述目的，使品牌成为企业有力的竞争武器。总之，品牌作为市场竞争的武器常常带来意想不到的效果。

第三，品牌是识别商品的分辨器。

品牌的建立是由于竞争的需要，是用来识别某个销售者的产品或服务的。品牌设计应具有独特性，有鲜明的个性特征，品牌的图案、文字等与竞争对手的区别，代表本企业的特点。通过品牌人们可以认知产品，并依据品牌选择购买。例如人们购买汽车时有这样几种品牌：奔驰、沃尔沃、GM。每种品牌汽车代表了不同的产品特性、不同的文化背景、不同的设计理念、不同的心理目标，顾客和用户便可根据自身的需要，依据产品特性进行选择。

第四，品牌是企业的“摇钱树”。

品牌以质量取胜，品牌常常附有文化、情感内涵，所以品牌给产品增加了附加值。同时，品牌有一定的信任度、追随度，企业可以为品牌制定相对较高的价格，获得较高的利润。众多企业中的知名品牌在这一方面表现最为突出，如耐克运动鞋比同等的李宁运动鞋、安踏运动鞋的价格高出几百元。由此可见品牌特别是名牌给企业带来较大的收益，而品牌作为无形资产，已为人们认可。

精彩回顾

1. 品牌是行销手段，打造一个成功的品牌可以让企业更省力赚更多钱。

2. 市场竞争转化为品牌竞争，从根本上讲，品牌就是财富所有权的象征。

3. 打造品牌，不是要你生产一流品质的产品，而是攻入顾客的心。

22

如何打造第一品牌

第3章

任何产品都能品牌化吗

品牌化是一个涉及建立思维结构和帮助顾客建立对产品或服务认知的过程。

显然，品牌能为你和顾客带来好处。那么一个显而易见的问题是：品牌如何建立的？你如何将一种产品品牌化？尽管公司行销和其他活动为品牌的产生提供了原动力，但最终品牌是在顾客心目中安家落户的东西。

品牌是一个认知的实体（关于这点前文已有提及），它反映了顾客的认知，也反映了顾客的特质。品牌不是外衣，它是企业经营规模和效益本身。***品牌与产品的不同在于，产品只提供了实用的或物理的功能，而品牌是与目标人群进行心灵沟通的***。只有产生了内心共鸣，品牌才有拥护者和支持者。也正因为如此，品牌的生命力和竞争力要比产品强。产品只是品牌的物化和外表——许多人恰恰把内外搞反了。那么，企业应该如何将产品品牌化呢？

要将一种产品品牌化，就必须告诉顾客这个产品是“谁”——给产品取一个名字，并利用其他品牌元素帮助人们识别它——以及产品是“做什么”的，顾客“为什么”要选择关注它。换句话说，要将一种产品或者服务品牌化，就必须向顾客提供产品的一个标签，以及这个品牌的意义。

品牌化是一个涉及建立思维结构和帮助顾客建立对产品或服务认知的过程。这个过程可以帮助顾客明确自己的决策，同时为公司创造价值。品牌化过程的关键是要让顾客认识到品类中不同品牌之间的差异。品牌间的差异可以与品牌自身的属性或利益相关，或者与无形的形象因素相关。比如：可口可乐和百事可乐是饮料市场无可争议的顶尖品牌，在消费者心中的地位不可动摇，许多新品牌无数次进攻，均以失败而告终。然而，七喜却以“非可乐”的定位，成为可乐饮料之外的另一种饮料选择，不仅避免了与两种可乐的正面竞争，还巧妙地从另一个角度与两种品牌挂上了钩，使自己提升至和它们并列的地位，稳坐市场交椅。可以看出，七喜的成功主要是“品牌差异化定位”的成功。

顾客随时随地都处于购买的决策之中，而品牌的影响在购买决策中至关重要。无论顾客何时决策，行销人员都可以从品牌化中获得利益。想想顾客每天都在面临许许多多的购买决策，因此，品牌化的盛行也就不足为奇了。

比如，想一下行销者是如何将商品进行品牌化的。商品本身很普通，它自己也不会在顾客脑海中变得与众不同。但久而久之，当品类中出现一些强势品牌后，曾经普通的商品就变得高度差异化了。比较有代表性的例子有：啤酒（百威）、燕麦（桂格）、咖啡（麦氏），甚至水（巴黎水）。更多例子可见下表：

品牌	策略
微软	因长期聚焦于软件领域而主导软件品类
IBM	第一个进入顾客心智的主机电脑品牌
英特尔	第一个进入心智并主导处理器品类
诺基亚	通过长期聚焦而战胜摩托罗拉成为主导手机品类的品牌
万宝路	开创并主导男子汉（男性滤嘴）香烟品类的品牌
可口可乐	因开创并主导可乐品类而长期名列最有价值排行榜第一

这些产品形成品牌的方式各有特色。但是，每一个品牌成功的关键都是：顾客开始相信同类产品并不完全相同，而是存在重大差别。对于有些产品而言，行销者让顾客相信产品并不是物品，它们在质量上有着很大的差异。在以上的品牌例子中，品牌被认为是顾客可以信赖的同类产品的高质量代表。

在另一些例子中，如瓶装巴黎水，由于产品的实际差异并不存在，因此，品牌是通过形象或者其他与产品无关的因素创建起来的。

品牌化的普遍性可从不同产品的应用中略见一斑。如上述案例，产品的定义十分广泛，包括有形商品、服务、地方或者想法等。对于这些各式各样的产品中的每一种，我们都要审视一些基本考虑要素并且给予解释说明。

精彩回顾

1. 要将一种产品或者服务品牌化，就让顾客提供产品的一个标签，以及这个品牌的意义。

2. 品牌化能为企业带来无限的商机和利润，但不是所有产品都适合品牌化。

第二篇

品牌战略的22条法则

1

第4章
第一条：领先法则

市场行销中最重要的一点便是创造一类能使你成为市场“第一”的产品。

经过多年的研究，影响品牌行销成败的基本法则被总结出来了，那就是品牌战略的22条法则，这也是市场中永恒不变的行销法则，具有普遍适用性。如果违反这些法则，你和你的企业将面临相当大的风险。

现在我们就来分享这22条法则的第一条：成为第一品牌的最重要的代名词策略定位法则——领先法则。

市场上有少人存在这样的误区，他们认为市场营销的基本任务在于使客户和潜在用户相信你可以提供更好的产品或服务。

事实并非如此，如果你的产品或者服务只占有很小的市场份额，并且不得不与更大、更有实力的对手竞争，那么你的营销战略可能在一开始就是错误的。因为你违背了市场行销的第一条法则。

市场行销中最重要的一点便是创造一类能使你成为市场“第一”的产品。

那么，什么是领先法则？如何成为市场中的“第一”呢？

领先法则是行销学里的一个著名法则。它的基本意思是人们只会记住同一类型的事物当中最领先的那一个。领先法则讲的就是，与其诉求你的产品或者服务比别人更好，不如抢先进入某一个市场。它强调的是，“第一”要胜过“更好”。也就是说，创造一种新产品，在人们心目中先入为主，比起努力使人们相信你可以比产品首创者提供更好的产品要容易得多。

为了更好地理解领先法则，我们可以先看下面几个问题：

第一个采用直销方式卖电脑的是谁？戴尔！那么第二个呢？

第一个推出Gmail的是谁？Google！那么第二个是谁？

第一位只身飞越大西洋的飞行员是谁？查尔斯·林德伯格！那么第二位是谁呢？

…………

上面的这些问题，我相信大家都能不假思索地回答出来第一个问题，但是对第二个，恐怕很多人绞尽脑汁，都没有想出来吧！

为什么会这样呢？

因为在任何类产品中，领先的品牌几乎总是那些最先进入顾客心目中的商标。如第一个做可乐的可口可乐，世界上第一个办公系统Windows，世界上第一个做剃须刀的是吉列，世界上第一包口香糖叫绿箭，不用调料的羊肉火锅第一家是小肥羊……这就是所谓的领先法则。也就是说大家一般都会把注意力放在领先品牌上。领先法则告诉我们，一个企业想做好做大，一定要在某个方面有特色和领先的东西。

“创造第一”是行销的首要任务，也是企业做大做强的关键所在。这是市场行销中最重要也是最有效的法则，但是不少商人固执地认为，只有提供更好的产品或服务，才能成为市场第一。如果你也有这样的看法，你就违反了品牌战略法则的第一条法则，你也将面临顾客如下的挑战。

如果你强调你的产品比第一品牌的品质好，顾客就会认为你是在模仿第一品牌，你只是这个品牌的跟随者，所以你不要说你的产品更好，顾客是不相信你的产品真的会比第一品牌更好的。如果市场上同类产品已经有了“第一”，而你还一再强调你“更好”，你只会遭到顾客诸如此类的反驳：既然你的汉堡那么好，为什么你不是麦当劳？既然你的炸鸡那么好，为什么你不是肯德基？既然你演的喜剧那么好，为什么周星驰是喜剧之王，而不是你？如果你的口香糖有那么好，为什么绿箭是第一品牌？……

你的产品有再好的品质也没有用，我刚刚说过，品质是误区，顾客是通过品牌判断品质。他们会认为谁的汉堡包最好？麦当劳。他们会认为谁的可乐应该比较好？可口可乐。他们会认为谁的炸鸡做得比较好？肯德基。

为什么顾客会这样认为呢？因为它们是那个行业的“第一”。就算你做得真的比别人好，顾客也不相信，你再怎么说品质优良，顾客都会反驳你：为什么你不是第一品牌？

这个大脑逻辑是顾客的逻辑，你要顺应顾客大脑里的逻辑，你不要宣传品质优良，而是要努力使自己成为第一品牌，别人自然就会觉得你产品好。但如果是你自己说你品质好，别人会说你老王卖瓜，当然自卖自夸，因此所有关于品质的宣言都会被人认为虚假。

在行销的过程中，所有强调说品质第一、品质优良的广告，都是将巨额的广告费付诸东流了。因为顾客不相信你对于品质的诉求，因为他认为你是老王卖瓜——自卖自夸，明白意思吗？所以，领先法则告诉我们，先做先赢。先下手为强，后下手遭殃。“当一个新生事物出现，只有5%的人知道时赶快做，这就是机会，做早就是先机，别管是什么行业；当有50%的人知道时，你做个顾客就行了；当超过50%时，你看都不用去看了!”李嘉诚的这一段50多年商海经验总结是对这一点的最好解释。为了能更好地理解这个，我再举一个例子：

有一首歌叫《冬天里的一把火》，是谁唱的？是高凌风，在台湾他被称为“青蛙王子”，不过现在是“老王子”了，已经60岁了。可是另外一个叫费翔的帅哥，当年打破禁忌，用美国归国华侨的身份回来了。他有一个优点，天生长得高和帅，符合了男女异性相吸的感觉，因此他出现在中央电视台，唱着这首《冬天里的一把火》，全中国人都以为这首歌的原唱就是费翔。而真正的“青蛙王子”，却无人知晓。这就是所谓的领先法则。只要你第一个出现在某一个市场上，别人定位的印象就会先放在你的身上。

这就是先下手为强，后下手遭殃，先做先赢，因为顾客会认为，你最先做的就是专家，最早做的就是这个品类的领导者。

如果你是后来才进入这个品类，顾客认为你是在模仿他人。在某一个市场里面，只要你当上第一家，第一人，最早推出这个产品的品牌，通常到最后都会成为这个领域的领导者。

所有人都希望说服别人，他的产品比竞争对手更好，其实这是错误的做法。与其诉求某一个产品，与其诉求你的产品品质更好，不如诉求你是第一个进市场的。因为***市场营销实际上是概念之间的竞争，而不是产品之间的竞争***。IBM是世界上最早做个人电脑的公司，汰渍是世界上第一个做洗衣粉、清洁剂的公司，可口可乐是世界第一家做可乐的公司，并且它们都是当今的领先产品。

如果你首创了某一类新产品，你应当选一个能够被广泛应用的名字作为商标。

首创产品能够保持为领先产品的原因之一，是首创产品的品牌往往被广义地应用。施乐（Xerox）是第一种普通纸复印机的商标，今天，它已成为所有普通纸复印机的代称。人们会站在理光、夏普或柯达复印机前问："我怎样才能得到Xerox复印件？"当商店里备有百事可乐时，人们还会说："来一瓶可口可乐。"

先做先赢，可口可乐是世界上第一家做可乐的公司，就这么简单。接下来，很多人会说，报告杜老师，我不是第一个做这个产品的，那怎么办？我不是第一个做，我不是第一人，我不是第一家，我是后做的跟随者，那怎么办？关于这个问题，我们会在下一章接着讨论。

精彩回顾

1. 市场竞争，不是不断生产高质量的产品，而是努力坐上市场某个品类的第一把交椅。

2. 基本上能第一个进入某个品类的市场，它就很有可能成为该领域的领导者。

3. 不要强调自己的品质比第一品牌强，而要设法让顾客认为你是第一品牌，那么你的品质自然也是一流的。

1

第5章
第二条：类别法则

如果你不能成为现有品类中的第一，那么就创造一个新的品类让自己成为第一。

看了“领先法则”后，你也许会想：我不是市场中的第一，那么我的企业是不是就岌岌可危了？事实上，你完全没必要为自己未能第一个进入某类市场而感到沮丧。这个时候，你只要在该市场中创造出一个新类别市场，使得自己成为第一个，你就可获得先机。这个方法在行销学上，被称为类别法则。类别法则就是**你不要强调你比别人更好，你要强调你与别人不同，不同胜过更好。**下面，我们举例来进一步阐述这个法则。

在领先法则中，我们很容易就说出了谁是第一个飞越大西洋的人，但可能很难说出第二个是谁。谁是第三个飞越大西洋的人呢？

人们通常会想：如果连第二个都不知道，更加无从知道第三个人了。但事实上，很多人对第三个人阿米莉亚·艾尔哈特并不陌生。她就是第三个飞越大西洋的人，她之所以闻名世界，世人之所以记住她，并非因为她是第三个，而是因为她是第一个飞越大西洋的女性。

类别法则告诉我们，你永远可以找到一个新类别进去当第一人。举例来看，在IBM在计算机市场上占据第一的位置后，大量的公司进入了这个市场，如Honeywell、NCR、RCA、Sperry、the Seven Dwarf等。但是，许多公司并非努力成为“世界上第二大计算机公司”，而是在计算机市场中创建了一些新的类别，使得它们自己能够在新的类别的市场上成为第一。比如IBM虽然是计算机中的第一，但是DEC却在微型计算机市场上是第一，Tandem在容错计算机市场上是第一，Stratus成为第一个容错微型计算机的公司。

当然还有其他方式，来创造一个新的市场类别。比如戴尔，是在计算机市场上，第一个使用电话销售方式的计算机公司。《利尔》不是第一本妇女杂志，但它是第一本面向成熟女性的杂志。

类别法则适合任何行业，接下来我们进一步举例说明。

在喜力啤酒进入美国市场大获成功之后，很多人以为安海斯—布希公司会借鉴这个模式——引进高价进口啤酒。事实上，安海斯—布希公司并没有这样做，而是反其道行之，他们认为："如果高价进口啤酒有市场，那么高价国产啤酒也可能有市场。"于是，他们开始力推米克劳酒（第一种高价国产啤酒），如今其销量是喜力的两倍。（实际上，安海斯—布希公司也曾引进过进口啤酒，即嘉仕伯，这是在欧洲享有声誉的啤酒。然而在美国，被视为模仿者的嘉仕伯却始终无法打开销路。）

另外一个啤酒案例，同样也是利用类别法则大获成功的。米勒淡啤是美国第一种国产淡啤。进口商在该产品问世5年之后才推断："如果国产淡啤有销路，那么进口淡啤也一定有自己的市场。"结果，阿米斯特淡啤被引入美国市场，成为销量最大的进口淡啤。

这些成功的例子告诉我们一个道理：如果你无法以第一的身份进入潜在顾客的心智，你也不要灰心，去寻找一个你能首先进入的新品类。这并没有你想象中那样难。

前文所提及的案例都是国外的，接下来我们来看看国内在类别创新方面有什么成功的案例或者值得借鉴和学习的地方。

康师傅、喜之郎、恰恰瓜子都不是第一个做的，但是它们在其他产品之前，抢先发力，不仅仅卖产品，而且把品牌做到消费者心里，让品牌代表品类，所以，康师傅就能代表方便面，喜之郎就等于果冻，恰恰就是瓜子！神威药业将"藿香正气软胶囊"作为战略产品，在品类做成了先锋，不仅带响了品牌，2006年销售也翻番。黄振龙凉茶在广州原来是第一品牌，可是王老吉率先向全国发力，一举成为凉茶的代表。华龙集团创造性地开创"弹面"市场，更是发现概念、创造新品类中的经典创意之作。全兴集团的"水井坊"发现各大名牌白酒都在一窝蜂地比谁的窖藏时间长，却没有人占据最贵的酒的概念。其实这个概念原来在茅台酒中，可惜这些年茅台酒已经不知道自己是谁了。“水井坊”乘虚而入，一举占据了中国最高价酒的市场。（古酒坊遗址的发现与炒作只不过是为高价作支撑而已。）它的成功是因为此前没有人占有这个概念，后来许多酒跟着说高价，都不灵了。商务通就是PDA，本来与其他厂商生产的掌上电脑没有什么区别，它的成功在于给自己做了定位——商务人士专用，用准确高超的“商务能”三个字传达出来，一下子使得它从PDA堆儿中脱胎换骨，变得不一样了。定位的功夫下在消费者的头脑中，玩的是品类概念，在产品上并不需要有本质的改变，这也正是品类营销的神奇之处。

以上这些都是成功的例子，而失败的例子更具有学习意义。TCL曾经轰轰烈烈地推广过一个叫HiD的东西，绝对的新品类，全称叫做“家庭信息接收和处理显示中心”。TCL是想通过它，让电视机实现一部分上网功能。HiD瞄准的是典型的伪需求！当今消费者接收信息的电器，在功能上越分越开，定位越来越细，电视都是客厅一个，卧室一个，书房还有电脑，恨不能上厕所都别闲着，可TCL反其道而行之，一厢情愿地让人在客厅里又看电视又上网，不用问，根本没人买账，只好收场。几千万元的市场教育费用白瞎了。

我国的许多品类空白点还非常多，谁能率先用品牌占据品类，谁就能获得最大的收益，谁就能后来居上。比如，在饮料里，许多民间饮料品类开发不够，较少即冲即饮的绿豆汤、红豆沙、绿豆沙、西米露等。在数字化影像技术和节目源如此发达的今天，竟然没有人开发高档投影式家庭影院系统。马桶都可以卖到上万元，高档投影一体式家庭影院系统应该有巨大的市场。“只防盗，不抓贼”是防盗门的软肋，家用红外线监控及报警设备应该能够成为高档居家的首选……这众多显而易见的“新”品类有待有识之士开发。

中国市场的特殊环境，给新品类的创建和成长提供了宽松的条件。在许多领域，国家标准和规范还没有建立，只要企业走在前面，原创的空间就很大，可独占独享自己开辟的市场。

不要成为“我也是”，也不要说“我更好”，要当“我是第一个”。在这里，我想提醒各位企业老板，在出新产品的时候，不要问这个新产品比竞争对手好多少，这是一个错误的问题，也不要问这新产品和竞争对手有什么不同，这个问题也不够好，最好的问题是，我要抢什么类别的第一。

你的产品是不是目前市场上的第一品牌？如果不是的话，推出一个新产品问自己，我要抢什么类别的第一，如果你不是目前的第一品牌，请放弃你要比第一名更好的想法。尽管潜在顾客总是坚持使用自己所喜欢的品牌，每个人都会津津乐道于为什么自己用的品牌比别人的要好。但是当出现新的品类时，人们总是愿意试一试。几乎每个人都会对新品类产生兴趣，很少人会对更好的产品产生兴趣。

请寻找没有人进入的新类别，如果你找不到一个新类别，那就创造一个新类别。进入那个新类别，刚开始为较小的市场提供产品或服务，找不到新类别，就创造新类别。你永远要记住，产品是不断被分类的。

多年前，有一个感冒药厂家的老板，他想生产一种比康泰克更好的感冒药。于是，当时他去接受一个行销课程的指导，这个行销课程是讲授有关品牌知识的，谈到第一胜过更好，不同胜过更好，就算你比别人更好，你都赢不了第一品牌了。这个感冒药厂家的老板将这个策略铭记于心，他心想：回去后，绝对要用同样的策略来界定自己的品牌。

于是，他请到专家做咨询。专家调查市场，顾客说想到感冒药都想到康泰克，康泰克已经是第一品牌了。通过此调查表明，无论你如何强调你的品质比康泰克更好，你都打不赢康泰克的。那么怎么办呢？

这个时候，你要强调跟康泰克的不同。如何不同呢？调查市场，吃了康泰克有什么优点缺点，顾客说，缺点就是服用了康泰克后会打磕睡。这个感冒药厂家根据这个调查，找到了康泰克的不足，这个不足后来成为它区别于康泰克的优点。感冒药厂家说，既然顾客白天服用康泰克后打磕睡，而晚上他们又希望睡得更香，那我们应该怎么办呢？

那么，我们就生产白天吃了不会打磕睡的，晚上吃了会睡得更香的感冒药。找到了这个不同点，该厂家立刻推出这个品牌——白加黑，一半白天吃，一半晚上吃，一半白色，一半黑色，连名字都取名叫白加黑，因为取名字都是行销，连取名字都有学问。

看到没有？白加黑完全瞄准康泰克的缺点去攻打，一个不同的感冒药产品就诞生了。后来，当人们说白天吃白片，晚上吃黑片，你会想到什么牌子？白加黑是吧？其实这些药品类里面还有同样功效的日夜百服宁，但是你还是没有想到日夜百服宁，而是想到白加黑。

因为它是第一品牌，对吗？曾经有一个学员听到这个故事，就说他也要生产一种感冒药——男加女。什么意思？男人感冒吃男片，女人感冒吃女片，有什么差别？女人感冒吃了更美丽，男人感冒吃了更帅气。这只是个假设，有没有这样的功效，就说不定了。但有一样可以肯定的就是，当你强调与别人不同的时候，就可能会有这个市场。

你要想一想，你要做一个感冒药，还有什么新类别可以找出来？有没有儿童感冒药呢？说不定有儿童适合吃的感冒药呢。

只有创造自己的类别，品牌才有独特性，才能在产品品质日趋同质化的今天占有一席之地。如果你无法在现有的品类中成为第一，那么就创造一个新的品类使自己成为第一，这就是品牌营销之道。药品市场新品类不断地涌现有力地证明了这一法则，我国橙汁饮料市场的例子同样很好地说明了这一定律。

面对碳酸饮料、瓶装水、茶饮料品牌的竞争，汇源第一个推出果汁，并最终在顾客认知中与果汁画上等号，无疑是与各路英雄分道扬镳，走自己的阳光大道，此时的汇源就是果汁领域的专家，无坚不摧，无往而不胜。所以说，是“果汁”成就了“汇源”一统天下。

然而，竞争对手不会让你独霸天下，看到果汁的发展潜力与日俱增，谁都想从中分一杯羹。在汇源成为高浓度果汁的第一品牌之后，鲜橙多开创了低浓度果汁品类，并成为该品类的第一。它以时尚便利的PET新包装、更低的价格向都市女性白领直打招呼——“鲜橙多，多喝多漂亮”（后改为“多C多漂亮”，明确到富含维生素C这个关键属性，就像诉求牛奶富含钙一样关键），迅速风靡全国。

之后，一直虎视眈眈的饮料老大可口可乐也找到了突破口，率先推出加钙低浓度果汁酷儿，占领了儿童果汁市场。酷儿也迅速成长起来。这一步还没结束，可口可乐接着再向顾客心智空白发力，首先推出了美汁源果粒橙，借助可口可乐成熟的渠道网络迅速攻城略地，开创了果肉果汁（果粒橙）品类，成为该品类第一。这些品牌都因为开创了一个品类而获得成功。

果汁是健康的饮品，发展历史并不长，因此潜力巨大。跳出行业看行业，跳出品类看品类，果汁是碳酸饮料、凉茶的替代者，低浓果汁是水的替代者，速溶果汁是咖啡、茶的替代者……还有无可限量的潜力有待挖掘，更大的市场高峰还没有来临！

各种类别的果汁互相不会捞过界，都有自己的市场。类别法则的核心就是寻找新类别成为第一，不要在大池塘里当小鱼，会被吃掉。

要在小池塘当大鱼吃别人，这样你吃的份额比在大市场里当小鱼更多。

空调市场竞争白热化，品牌集中化程度加快，按市场规律，自然形成品牌分类。第一竞争层次品牌之间的品牌影响力、生产成本、产品质量、技术水准都相差不大，市场竞争主要取决于营销水平竞争。在营销水准都不高的大陆市场，“概念营销”成为空调市场一时利器。如1997年卖“节能”，1998年卖“静音”，1999年卖“健康”。在1999年“健康空调”大战中，美的“清爽星”创造换气空调类别的策略，是一个成功运用类别法则的案例，这一策略使其一年单项产品销售突破35万台。

当年，美的在空调销售旺季来临之前，就提前几个月时间全力推广美的换气空调“清爽星”，诉求点是“美的换气健康空调能将室外新鲜空气源源输入，更健康、更清新，是真正健康空调”。针对竞争对手“负离子”健康空调、“冷触媒”健康空调、“光触媒”健康空调，告诉消费者一个全新概念：“换气空调，彻底改变空气质量，是真正健康空调”。

以上所提及的案例都是遵循了类别规律和法则而取得成功的例子，但是在现实中因对品类无知而痛失良机者比比皆是，青岛原生就是其中典型的例子。从技术上看，青岛原生有机会开创一个新品类，因为在保持啤酒鲜活度和口感工艺方面，它比纯生更进一步，可以保持啤酒的原味，但是，随后的营销活动彻底扼杀了这个原本很有希望的产品。其原因主要有以下两个：

第一，在品类的命名上出了问题。原生这个名字只是对纯生的模仿，而不是一个新品类，不足以和纯生拉开距离。

第二，整个营销活动聚焦于品牌宣传而非品类的建立，传播方向出现重大偏差。邀请原生态舞蹈家杨丽萍作为代言人，口号是“原生态，活啤酒”，原生变成了原生态，新品类的特征进一步消失；采用了副品牌而非独立品牌策略，则注定了青岛原生的失败。

此外，像柒牌、太子龙、东风龙卡等一批品牌都错过了借助品类创新建立强大品牌的机会，而珠江啤酒、九牧王等品牌则因为破坏了品牌的品类特征而葬送了主导品类的机会。

总之，建立新产品的时候，你要问自己的第一个问题不是“它怎么才比竞争对手的品牌好”，而是“这个新产品能在哪个品类做第一”。

忘记品牌，考虑品类吧。营销者一说到品牌层面，顾客就敌意顿生，人人都极力维护自己使用的品牌，觉得还是它最好。但如果从品类切入，顾客的心胸总是为你敞开的。人们总是喜欢新鲜的东西，很少人会去在意谁是更好的。

精彩回顾

1. 如果市场的第一把交椅已被其他人占有了，那你就创造一个新类别出来。

2. 顾客总是喜欢新鲜的东西，一个新的品类有可能让顾客对你“投怀送抱”。

3. 寻找新类别成为第一，不要在大池塘里当小鱼，会被吃掉。

1

第6章
第三条：心智法则

在顾客心智中成为第一胜过在市场成为第一。

在我的培训课上，当我讲完“领先法则”的内容后，台下就有不少学员提出这样的问题：杜老师，你说第一胜过更好，先下手为强，我是第一进入××行业的人，可是为什么最后我还是输给了别人？

当时，我并没有马上回答学员提出的问题，而是让他们耐心听完后面的其他法则，答案也就不言而喻了。

这个答案、这个法则正是这章要讲的重点——心智法则。心智法则用一句话来概括就是，在心智中成为第一胜过在市场中成为第一。下面，我们就通过一些具体的案例来分析该法则及其运用。

首先，我们来看一下曾经的“世界第一”，为何最终又都销声匿迹了。

杜蒙发明了第一台商业电视机，杜里埃设计制造了第一辆汽车，赫尔利生产了第一台洗衣机，爱德·罗伯兹创造了世界上第一台个人计算机Altair8800……不幸的是，今天这些品牌全已不复存在。

这些“世界第一”的销声匿迹以及学员的惨败，是不是说明市场中的领先法则出了问题呢？

不是。领先法则没有任何问题，而是心智法则对其进行了引伸——第一个进入顾客的心智，远胜于第一个进入市场。营销的精髓正在于第一个占领人们心智，第一个进入市场之所以重要，也是因为它可以用来第一个抢占顾客的心智。

那些曾经的“世界第一”以及我学员失败的原因，也就在于此，没有抢先占领顾客的心智。市场不是工商局，市场不是商标局，市场不是写字楼，市场不在超市的货架上，市场在哪里？市场在人的脑海里，市场在人的心里，市场在潜在顾客的大脑里。可见，市场是一场争夺心智而非产品的战争，在进入市场前应该率先进入心智。

有成千上万的准企业家因为无法正确领会和运用这条法则

而遭遇失败。

2003年年初，长富出现在中央电视台的黄金时段中，正式吹响了进军全国的号角。

长富宣称他们的牛奶“绿色天然”，是“真正香浓营养的好奶”。为了证明其“高品质奶源”，长富召开新闻发布会，展示其地处福建武夷山区据称是中国最大最好的奶源基地。后来，长富更是不惜血本，在广东展开了昂贵的促销活动。尽管长富投入了9000多万元的广告费，但市场并不为其所动，全国乳业市场的格局并没有因为长富的加入而被打破。

拥有一流产品以及巨大广告投入的长富为什么不受顾客的青睐呢？

原来，在顾客的心智中，“最好的奶源来自内蒙古大草原而不是武夷山”。这一观念早就随着“天苍苍，野茫茫，风吹草低见牛羊”的诗句深入顾客的心。加之蒙牛、伊利早先就在合力宣扬“内蒙古牛奶好”。因此，尽管长富说“如今的内蒙古大草原水土流失严重，而武夷山处于北纬27度，有中国‘澳洲’之称”，但无论如何，长富还是没办法改变顾客心中“最好的奶源来自内蒙古”这一观念。

很多人认为要改变顾客心中的观念，就得用资金，也就是花钱召开新闻发布会、进行广告宣传或者直接邮寄宣传品进行营销等等。但是，通过长富的案例，我们可以看到，资金并不是颠覆顾客观念的灵丹妙药，而要努力做到第一个推入顾客的心智。从中，我们也可以得到的另一个启发就是，某种认知一旦形成，就很难再改变它，这就如同正面进攻已经牢固设防的敌人一样艰难。

我们看到这三家公司都想卖个人电脑，第一家叫王安，失败了，因为王安是文字处理机的公司，不等于个人电脑公司。施乐也想做个人电脑，但失败了，因为施乐是复印机公司，不等于个人电脑公司。惠普也想做个人电脑，也失败了，为什么呢？因为惠普等于打印机公司，不等于个人电脑公司。

人的心智是很难改变的，一旦人心已经形成了，第一印象很难被取代，成功就成功在这里，失败也失败在这里。电脑资料容易删除，人的意念一旦成形，几乎不可能被删除。

行销中最浪费资源的就是企图改变顾客大脑的认知，我想请问一个，赵薇当年是演什么角色红的？很多人说是小燕了，她当年以小燕子的形象一炮而红，《还珠格格》红遍大江南北，让赵薇成为了当时全中国最红的女明星，但是赵薇嫌自己的形象太过于幼稚。

没多久，她走性感路线失败，没多久，她走青春玉女路线也失败，赵薇当初改变观众大脑认知造成失败，人的大脑一旦被定型了就很难被改变，这就是心智法则。

真正的战场在顾客的脑海里，而不在市场上。

如果你要在别人的脑海里留下深刻的印象，那么就不能慢慢进入他人的脑海以博得人们的好感。人脑不是这样运作的，你必须大张旗鼓，攻占人心，这样才可以给别人留下深刻的印象。

之所以要采取这种大张旗鼓的迅猛方式，是因为人们不会改变他们固有的认知。一旦他们形成对你的某种看法，那么一切也就成了定势，你在人们心中就永远是某一种人，而不可能变成另一种人。

我们来看看这三个人，大家一看就知道，李宇春，周笔畅，张靓颖，一年之内三个小女孩，平均一个可以赚一亿以上，为什么？大张旗鼓，攻占人心，而不是慢慢进入人们的脑海。

心智法则告诉我们，要快速抢占顾客的心智资源。

精彩回顾

1. 第一个进入市场，又创造了新品类的第一，但还是输，原因在于你没有占领顾客的心智。

2. 人的心智是很难改变的，一旦人心已经形成了，第一印象就很难被取代。

第7章
第四条：认知法则

市场营销是一场认知的较量，而非真正产品的较量，市场营销就是处理认知的过程。

行销不是一场产品战，而是一场认知战。

许多人认为市场营销是一场产品的战争，是比谁的产品好，是比顾客会认为谁的产品好。他们认为，从长远来看，最好的产品将是最后的赢家。

这些人通常都有一个思维定势——市场调查为先，并从中“获取事实”。他们把形势解来剖去，确认真理站在他们这边，然后信心百倍地冲向市场。他们自信拥有最好的产品，而最好的也将笑到最后。

那么，市场营销是不是就如他们所认为的呢？当然不是。在市场上，不乏认为自己产品好的人，但为什么他们的产品卖得不如竞争对手呢？

原因就在于，你的产品好不好不是你说了算，而是顾客说了算，只有消费者认为的产品好才是好。明白我的意思吗？***行销打的是认知战，行销就是洗脑***。洗谁的脑？洗顾客的脑，顾客要是认为产品好，你就赢了，而不是你认为你的产品好你就赢了。认为产品好就能赢是一个错误的思想。记住一句话：谁能改变顾客人脑的认知，谁的产品就是好的。

的确，在市场经济不断发展的今天，企业在产品质量、服务水平等方面的竞争是必要的。然而，仅仅这些是远远不够的，因为在市场营销领域不存在完全客观的现实，更不存在最好的产品，有的只是在顾客或潜在顾客心中的认知。所谓的真理、事实都是相对的，相对于你的想法和其他人的想法。当你说“我是正确的，别人是错误的”时，实际上你是在说你的认知能力要比别人强。大多数人都认为自己的认知能力比别人强，他们认为自己总是正确的，自己的认知要比邻居或朋友的更精确。真理和认知这时已没有什么区别。

对于很多人来说，上述的情形有时很难理解。自然规律和生存法则，使人们将自己投身于外部世界，“生活”在书籍、电影、电视、报纸和杂志的世界中。在每个人心中这些世界的外部表现看上去要比现实更加真实。

人们心中有这样一个根深蒂固的信念，即现实就是心灵外部的世界。这就是市场营销计划必须面对的现实。大多数错误的市场营销都源于这样一个假设：你是在进行一场以客观事实为基础的产品战争。而本书谈到的22个营销法则都是从与此相反的观点现实使然的产品战。在这里我们所提到的所有法则都是与此相反的观点衍生而来的。

被某些市场营销人员视为市场营销自然法则的东西，是基于这样一个错误的假设，即产品才是市场营销计划中的英雄，只有产品的优劣才能决定最终的胜负。这就是为什么那些自然的、合乎逻辑的营销方式必定就是错误的。

只有当你研究了认知是如何在人脑中形成，并且将自己的市场营销计划的重点放在消费的认知上之后，你才能够克服自己基本不正确的营销本能。

我们每一个人（制造商、经销商、潜在的顾客和顾客）都是通过自己的眼睛来观察这个世界的。真理只不过就是某位专家的认知。那么，谁是专家呢？专家只是被别人所认可为专家的某个人。

市场营销人员关注事实，因为他们相信存在客观现实。对市场营销人员而言，也很容易假定真理在自己一方。如果你认为自己需要最好的产品才能赢得市场营销战，那么你很容易就会相信自己拥有最好的产品。

改变潜在顾客观念是一项极难的工作。根据使用某种产品的经验，顾客往往假定他是正确的，存在头脑中的认知往往被当作普遍的真理。

在各种产品相距较远的这种情况下，你就比较容易理解认知的力量要胜于产品本身。下面我们举一个案例，可能更有助于你对该法则的理解。

在美国，销量最好的三大日本进口品牌车分别是：本田、丰田和日产。大多数人认为这三种品牌之间的竞争将围绕着质量、款式、马力和价格等方面展开。

事实并非如人们想象那样。日本汽车生产商在美国和日本销售同样的汽车，如果说市场营销是一场产品之间的较量，那么你会认为这两个国家的日本汽车销售排名应该是相同的。毕竟，无论是在日本还是在美国，每种品牌的汽车的质量、款式、马力甚至价格都是相同的。但是，在日本，本田车与领先者角色无缘，它只是排名第三位的品牌，位居丰田和日产之后。在日本，丰田车的销量是本田车的四倍之多。

为什么有这么大的差异？究竟日本本田和美国本田有什么区别呢？其实，产品是一样的，不一样的是两国顾客的心智认知——在美国本田代表的是汽车品牌，而在日本它代表的是摩托车。

如果你告诉在美国的朋友你买了一辆本田，他可能会问你："你买了哪种型号，思域、雅阁还是序曲？"如果你告诉在日本的朋友你买了一辆本田，他可能会问："你买的是哪种型号的摩托车？"在日本，顾客认为本田是一个摩托车生产商，显然，很少有人会想从一个摩托车公司买一辆汽车。

市场营销是一场认知的较量，而非真正产品的较量，市场营销就是处理认知的过程。

再举一个例子，在美国，百事可乐、可口可乐这两家公司曾经做过联合的盲测。什么是盲测？就是眼睛蒙起来，给他喝两种可乐，可口可乐跟百事可乐，然后问他们哪一种好喝。通常说比较好喝的都是百事可乐，但是他们并不知道是百事可乐，他们就说第二瓶比较好喝，结果喝完之后问他们哪一种好喝，他们都说第二瓶，是百事可乐，眼罩摘下来把两瓶给他看，问他喝到比较好喝的是哪一瓶。

大部分都说肯定是可口可乐，各位听懂意思没有？顾客就认为可口可乐是第一品牌，它是比较好喝的，至于真正好喝的是百事可乐，已经不重要了，品牌是一种认知战。

历史总是在不断地重演，可口可乐和百事可乐所做的实验，中国的非常可乐也做过。非常可乐也曾经宣称：经过上千次配方改进，测试证明非常可乐更适合中国人的口味。但遗憾的是，非常可乐更好的口味却无法阻挡可口可乐和百事可乐在中国市场取得成功。这就是认知法则的作用，消费者根深蒂固的认知是不容易改变的。

你会相信自己愿意相信的东西。你会去品尝那些自己愿意去品尝的东西。所以，碳酸饮料都是一场认知战，而不是口味的竞争。

我们可以再看一下国内的酒类市场，这个例子可以进一步加强大家对认知法则这一营销法则的理解。张裕干红葡萄酒在国内大部分地区以“百年张裕”的历史资源来向人们推广“国产高档葡萄酒”的认知，但在广东地区，张裕品牌却更多地代表低端白兰地。原因在于，张裕低端白兰地在该地区有较长的销售历史、极高的知名度和占有率。这种强烈的认知也影响到张裕的高端干红在该区域难以打开局面。

无论市场营销还是个人影响，都要尊重并且借助顾客头脑中已形成的认知，把这作为营销战略的出发点，才会事半功倍。市场营销如此，其他行业同样适用该法则。

精彩回顾

1. 谁能改变顾客大脑的认知，谁的产品就是好的。

2. 尊重并且借助顾客头脑中已形成的认知，才能让你在这场营销战中无往不利。

1

第8章
第五条：众口铄金原则

你会相信你想要相信的东西，你会看见你想要看见的东西，你会听见你想要听见的声音。

世界上没有所谓的客观的真理，客观真理怎么来呢？只不过是某一个专家的认知而已，而那个专家是谁？他是在其他人的心里被认为是专家的人，别人认为他是专家，他就是专家，他讲的话就变成客观的事实。

你会相信你想要相信的东西，你会看见你想要看见的东西，你会听见你想要听见的声音，这就是众口铄金原则。

顾客经常把他人对现实世界的认知，他人对现实世界的购买决策作为自己的依据，大家怎么说他就怎么想，这就是众口铄金原则。

疯狂英语的创办人是谁呢？很多人说李阳，没错，李阳创造疯狂英语这个品牌，李阳20世纪90年代全国巡回教别人疯狂喊英语，李阳成为英语市场一个先驱，带动者，倡导者，学习英语的热潮在他身上是功不可没。

李阳没有出过国，不是英语科班出身，还有很多人说李阳的英语能力事实上不好，还有很多正规学校的教授告诉学生说，李阳不是正规的英语老师，你们要学就学正规的英语，李阳教得不好。

那又怎样？李阳还是英语老师中最赚钱的一位吧，为什么呢？很简单，因为传统学校正规科班英语教授，英语水平就算真的比李阳好，他们没有行销自己品牌的能力，没有营销出去，让别人认为他英语教得比较好，所以李阳成为了别人心目中认知的英语专家。

至于很多人说李阳没有出过国，没有英语科班出身，英语能力不够好，教的不是正规的英语，不要跟李阳学习，这些东西你相信吗？这重要吗？这已经不重要了，因为他已经形成别人心目中认知的众口铄金原则，顾客常常依据别人对现实世界的购买决策依据来作为自己的购买决策依据。明白了吗？

接下来跟大家讲的是真假疯狂英语。我们知道全国最畅销的《疯狂英语》杂志双月刊，两盘磁带配一本书，在20世纪90

年代推出市场。这个疯狂英语是谁做的呢？不是李阳做的，是邓良平做的。李阳当年因为害怕英语叫疯狂英语这个注册不下来商标，所以注册克力兹英语，当年邓良平发现李阳到处宣传疯狂英语。

因为“疯狂英语”四个字听起来很煽动，所以引起了巨大的反响与成功。李阳在“疯狂英语”四个字上成为了代言人，但是却注册克力兹英语，他不懂英语，法律保护的是克力兹英语。他不懂行销，市场上认可的是疯狂英语，有价值的是疯狂英语，注册的却是克力兹英语，他犯了一个这样的错误。

因为他觉得克力兹是疯狂，转成汉语是克力兹，他动了这样一个小聪明，注册克力兹英语之后宣传疯狂英语，你看到没有？邓良平发现了这个契机，抢注疯狂英语，两盘磁带配一本书，《疯狂英语》有声杂志立刻在全国推出。一场演讲两三万人，两三万人的现场可以卖掉一两万册的《疯狂英语》。

一本书一年可以卖5万册、10万册已经非常了不起了，他一个城市两个月都可以卖几万册，为什么呢？因为一个月出两次，六个月出12次，一年可以卖上百万册，代表在一年之内成亿万富翁。

李阳一年之内还没有成为千万富翁，李阳看到别人拿疯狂英语赚钱，非常生气，他说这个假的疯狂英语内容不好，不要买，也不要找我签名。这是怎么一回事大家不知道，大家只觉得不可能吧，这应该是真的，为什么？因为疯狂英语塑造出来的品牌形象太强大了，李阳说不要买的假的疯狂英语。大家才看到，克力兹英语假的，疯狂英语真的，怎么一回事呢？

真正的李阳是克力兹英语，却被当成是假的，假的疯狂英语，注册的是疯狂英语，邓良平做的，却被认为是真的，因为“疯狂英语”四个字被李阳塑造成了太强大的品牌。

结果李阳越宣传不要买假疯狂英语，越有人盗版疯狂英语，你们千万不要买，克力兹就卖得越不好，明白意思了吗？

认知法则，行销打的是一场认知战略，而不是产品战。

没有真与假，只有顾客脑海里面记住什么，就相信什么是真的。李阳发现这个不对劲，我在1999年看到了，李阳注册了一个新商标，叫做疯狂美语，因为疯狂英语已经被邓良平用了，他只好打擦边球，自己创造的品牌，自己去打擦边球，去搞山寨版疯狂美语，结果顾客到了商店看到疯狂美语就说：这个是盗版的。李阳老师说外边很多盗版的，要注意，要买就买疯狂美语，疯狂英语邓良平被买走了，他们认为是真的，疯狂美语是假的，其实那是李阳的。

怎么一回事呢？认知法则，顾客认为是什么就是什么，疯狂英语是他们认知的，真实的，其他都是假的，为什么？疯狂英语被李阳塑造得太强大了，他动了一个小聪明，聪明反被聪明误。

他再次强调不要买假的，要买就买正版的疯狂英语，结果他发现疯狂美语卖得更不好，他觉得不对，应该要经过疯狂，还要叫做英语，但不能叫疯狂英语，但是已经被注册了，所以只能叫疯狂美语。只要叫疯狂说英语，把“说”字打得很小，“疯狂”两个字打得很大，“英语”两个字打得很大。

顾客走进书店本来要买的，看见了，顾客对朋友说不要买，疯狂说英语，你看是假的，李阳老师说的，要买就买真版疯狂英语，墙上这个是真的，疯狂英语邓良平还是卖得很好，李阳的就是卖得不好。后来李阳推出了李阳疯狂英语，为什么？因为“李阳”两个字是名人，“疯狂英语”四个字是名牌，这两个合在一起叫做李阳疯狂英语，终于大卖。但是对不起，再怎么大卖也只是比之前的疯狂说英语大卖，比之前的疯狂说美语大卖，比之前疯狂的克力兹大卖，实际上真正最大卖的是谁？疯狂英语。

10多年英语市场蓬勃发展的年代，已经被邓良平的新东方赚走了，这个英语的创造者李阳先生在认知法则上栽了跟斗，吃了亏，我也问过他，我跟他见过面。我说，你见到邓良平先生有什么感觉？

他说非常生气，不要跟我提他，他上电视也讲，有人盗版我的英语，我对他非常生气。李阳当然生气，少赚十几亿元，否则他早就发财了。

毕竟行销不是一场产品战，而是一场认知战。

精彩回顾

1. 没有真与假，只有顾客脑海里面记住什么，就相信什么是真的。

2. 行销不是一场产品战，而是一场认知战。

第9章
第六条：焦点法则

行销最具威力的一种战略，就是在潜在顾客脑海中占有一个自己独享的字眼。

焦点法则，就是企业集中力量做好单类业务，从而营造和巩固该领域绝对市场优势的市场营销手段。根据自己的具体情况和实力，充分利用有限的资源，去聚焦客户，建立客户忠诚度。行销最具威力的一种战略，就是在潜在顾客脑海中占有一个自己独享的字眼。如果你的企业能够以适当的方法在潜在顾客心目中拥有一个字眼，你便能取得惊人的成功。而这个字眼不需要很复杂，也不需要你独创，最好能简单地、直接地从字典上得来。

这就是焦点法则。焦点法则告诉我们，如果你想让自己的产品迅速深入到潜在顾客心中的话，你就要将焦点聚集在一个简单、好记的字眼上。不管产品有多么复杂，也不管市场需求如何，聚焦在一个词或一种利益点上，往往胜过在两个、三个或四个上撒网。

联邦快递能把“隔夜”这个词推进顾客的心智，完全是因为它聚焦在隔夜邮件快递服务上。佳洁士在美国因聚集“防蛀”概念而成为市场第一，可是在进入中国市场之初因担心市场有限，转而宣传口气清新、美白等概念，被一直处于第二的老对手高露洁抓住机会，抢先聚集于“防蛀”概念。等佳洁士重新聚集“防蛀”时，高露洁等于“防蛀”这个概念，已深深植入中国老百姓的心智中。

在中国市场的研究表明，大部分购买高露洁的顾客，真正的目的并非为了“防止蛀牙”，而是高露洁专注于“防止蛀牙”而建立起来的专家形象，让顾客认为这个品牌的牙膏更先进、更科学、更能保护牙齿。由此我们也可以看到，当你在某一利益点上得到了公认（出于光环效应），顾客还会给你添上许多其他利益点。比如一辆“更安全”的汽车还意味着它有更高雅的设计和更强劲的发动系统，一种“浓”的意大利面条调料也就意味着这种调料质量更好、营养更丰富等。许多著名的、成功的公司或者成功人士往往能够将代表自己的焦点植根于人们的头脑中。下面是一些示例：

沃尔沃——安全；

IBM——电脑；

达美乐——宅送比萨；

金利来——男人的世界；

百事可乐——年轻；

高露洁——防蛀；

中国移动——移动通信专家；

麦当娜——性感歌后；

…………

词汇可以针对多个方面，比如目标客户（百事可乐面向年轻人），服务（送货到家），利益相关（防止蛀牙）等。一旦某一个词汇在人们的头脑中扎根，要改变它将是一件非常困难的事情。莲花发展的经历就能够说明这一点。

在很长的时间里，莲花都拥有“扩展表”这个词，实际上莲花就是“扩展表”和“1-2-3”。但是随着竞争的日益激烈，利益增长空间也十分有限，莲花希望进一步发展。

后来，莲花购买了爱米普罗文字处理软件，并通过扩展产品线引入了大量的新的软件产品。接着莲花将自己的产品重新定位，提出了“群组软件”的焦点词汇。可以说，莲花是第一个开发“群组软件”产品的公司，并且获得了成功。莲花成功地将自己在人们头脑中的焦点“扩展表”转变为“群组软件”。但也经历了相当的时间和费了相当的财力。

一些企业接受焦点之说，但施行方法却往往弄巧成拙，“我们在质量上聚焦，我们不愿强调价格。”在企业内部来说，这是一个了不起的概念——全面提高质量，通往伟大的桥梁，甚至在经销商会议上也能营造出令人神往的主题。但是，从外部看来，它传达的信息已和现实脱节。哪家公司不说自己“讲质量”呢？几乎人人都说自己代表质量，结果谁都不是。

找到聚焦的词后，要允许其他人用你的词——要成为领导者，就得有跟随者。对于莲花来说，如果后来有别的公司进入“群组软件”这个市场，对于莲花来说是一件有益的事情。它将使得莲花所处的市场类型变得更为重要，当然，也更有利于巩固莲花在该市场上的领袖地位。

一旦拥有了自己的概念，你就必须全力去保护它在市场上的地位。宝马公司的案例很好地说明了这一点。多年来，宝马汽车一直意味着驱动力最强的机器。之后，该公司决定扩展其产品系列，以700系列轿车追赶梅赛德斯—奔驰汽车。问题在于，轮子上的“居室”怎么可能是一台最强有力的驱动机器呢？它不仅不会在路上轻快地行驶，而且还会撞倒、碾碎路旁所有的标牌。

其结果是，宝马公司开始走下坡路。幸好，该公司最近推出了小宝马车这一新产品，并再次强调驱动力这一概念，它重新获得了自己集中使用的概念。

宝马是幸运的，它找回了自己的焦点。

事实上，大多数的成功企业都在使用聚焦战略，并取得了巨大的成功。比如星巴克、麦当劳、Google等等，都在持久地或快速地取得成功，并且专注于某个领域的企业领先者更容易建立品牌，更容易简单化经营，也更容易获得消费者和资本市场的青睐。

可是，在国内因忽略聚焦而陷入困境的企业比比皆是。比如曾经被誉为“中国魔水”的健力宝，就没这么幸运了。它就错过了聚焦的机会，它当时完全有条件聚焦于“运动饮料”的概念，舍弃各种汽水、果汁、水、茶等产品，通过大力推广运动饮料而使品类做大做强。更让人遗憾的是，它不仅没有舍弃这些，还推出了定位不明的新品牌“第五季”，结果当然是失败了。

2006年，金正DVD走到了濒临破产的边缘。一家在中国碟机行业叱咤风云了7年的企业，一个2003年国内销售额高达近10亿元的企业，由于忽略了战略聚焦的重要性，盲目地开始了多元化——生产手机、无绳电话、等离子彩电、空调等产品，他们固执地认为DVD市场的成功也可以在上述其他领域内简单地取得成功，这是导致金正战略失效而最终溃败的主要因素。同样，因忽略“聚焦”而盲目扩充导致濒临困境或直接倒下的案例不胜枚举。如巨人集团、新疆德隆、大宝等国内曾经叱咤风云的企业，都曾因为陷入了多点出击而造成过巨大的经营危机。

记住：***失去焦点岌岌可危，而聚焦会让你变得无往不利。***太阳有几千亿瓦的能量，普照大地，但没有力量，激光只有几千瓦的能量，但可以切割钻石，因为它聚焦。

精彩回顾

1. 让顾客记住你的不是那些繁杂的词汇，而是一个简单的字眼，甚至不用想就能脱口而出的。

2. 一个企业一旦开始向各领域“开疆拓土”时，也就是企业开始走下坡路的时候。

3. 任何成功的企业之所以能称霸某个领域，是因为它懂得聚焦。

1

第10章
第七条：排他性法则

两个不同的公司不可能在潜在顾客心目中享用同一个字眼。

两个不同的公司不可能在顾客心目中享用同一个字眼。当你的竞争对手已经在顾客心目中形成某种概念或拥有某种地位时，你若再想用同样的概念去赢得顾客，其结果只能是徒劳无益。

就如前文提到的案例，百事可乐代表的是年轻，如果其他可乐也用“年轻”这个词来宣传，那么顾客是不会买账的。再如奔驰代表的是豪华，宝马代表的是驾驶乐趣，而沃尔沃代表的是安全。如果奔驰、宝马也以安全为主题展开营销活动，结果会怎么样？当然会以失败告终。之所以会失败并不是因为奔驰和宝马不安全，而是因为“安全”这个字眼已经被沃尔沃占有了，别人就不可能再占有“安全”这两个字了。如果别人已经占有一个词，越跟随人家后果越是糟糕，当竞争者在潜在顾客脑海中已经占有了一个词或者一个定位，或者一个印象的时候，你企图去占领同样的字眼会徒劳无功。下面我们可以举一些案例来学习。

美国联邦快运公司已经放弃“次日送达”这一口号，而正在试图从捷运快运服务公司手中夺走“全球送达”这一口号。“次日送达信件”的文字曾被印制在联邦快运公司的信封上，而现在你在信封上看到的是“联邦快运信件”的文样。该公司的广告也不再宣扬“信件绝对会被隔夜送达”。近来出现在联邦快运公司广告中的词语是“全球送达”。

这里我们遇到一个很重要的问题：联邦快运公司能否享用“全球送达”这一概念？大概不能。因为这一概念早已为他人所占用，这就是捷运快运服务公司所属的全球快递公司。要想取得成功，联邦快运公司必须比捷运快递服务公司使用更为具体的营销口号，而不能重复使用别人已经深入人心的口号。

在申奥期间，农夫山泉策划了一则为奥运捐款的广告。一句“现在每买一瓶农夫山泉，您就为申奥捐出一分钱”，把原本属于企业的事情和老百姓的爱国情怀巧妙地结合在了一起，农夫山泉因此在市场上大受欢迎。后来，很多人从中受到了启发，也如法炮制，甚至有人出了一本书，也宣布每卖一本书，给希望工程捐一元钱，却把书价定得高高的，让人一看就反感，其效果可想而知了。

类似的案例在国内比比皆是，我们再看一个试图占有别人概念的案例。

金龙鱼因开创了调和油品类而成为国内食用油的领导品牌，因此金龙鱼成了“调和油”的代名词。但随着市场的发展，新单一油品类不断兴起，金龙鱼品牌开始推出花生油、葵花籽油、玉米油等多个品类。但在这些品类中，鲁花已经代表花生油、多力代表葵花籽油，金龙鱼无法将已经被这些品牌在顾客心智中形成的字眼和概念占为己有，还面临“调和油”的认知被稀释，最后沦为混沌品牌的危险。

违反排他性法则已经有很多惨痛的教训，但仍然有很多企业、很多人继续违反这一法则。人们头脑中的观念一旦形成是难以改变的。当你重复使用他人已使用过的概念时，实际上你是在通过加强这一概念的重要性而提高竞争对手的地位。当年包括奔驰和通用在内的许多汽车公司都打着“安全”的宣传语时，实际上是在证明“安全”这一概念的重要性，反而加强了沃尔沃独占“安全”这个字眼的地位。

这些企业大多都已陷入了困境，多元化失去了效力，走专业化之路才是正道。***在成熟的市场经济条件下，专业化是成功的捷径，多元化是成功的大敌。***企业应握紧拳头，缩回到自己最具优势的产业上去，不求样样有，但求一样精、一样强，在这一强项上以优取胜。

在这方面，外企是我们的榜样。拥有雄厚资金实力和全球技术力量的跨国公司进入中国之际，都异常小心，一步一步地在中国市场上试水。有人可能会说那是它们不懂中国的国情，对，它们的确没有中国人自己了解自己。但是，它们在某一行业某一产品所取得的巨大成功不能不让我们肃然起敬。

世界500强中的绝大多数不是以多元化制胜的，相反，在自己的天地里精耕细作才是它们百年不衰的秘密。有多少人、多少企业因违背专有法则而付出了代价！而被违反得更多的则是排他性法则。

精彩回顾

1. 当你开始使用别人用的概念时，实际上是在加强别人这个概念，反而加深了顾客对该品牌的概念。

2. 在市场不成熟的条件下，一时的多元化，可能会给企业带来短期的利益，但最终只会混淆原来的品牌。

1

第11章

第八条：阶梯法则

对于每一种产品类别，顾客心中都会有一个产品阶梯。

营销最重要的目标，就是能第一个进入顾客的心智，但假如没有做到这一点，也并不意味着你就此失败了。而处于第二或第三的品牌，还是有属于自己的营销策略的。至于要用什么策略，那要看你在品牌阶梯上排第几级了。这就是阶梯法则。

顾客在购买某产品时，往往会在心智中对品牌进行排序，每个阶梯代表一个品类，每一梯级代表一个品牌。营销策略应该取决于进入顾客心智的速度，以及你要占领的梯级。对于每一种产品类别，顾客心中都会有一个产品阶梯。顾客只接受与自己认为的该类别的产品阶梯相一致的新信息，其他的都会被忽视。关于这方面，我们可以以美国汽车行业第二品牌——艾维斯为例。

多年来，在美国艾维斯自称是“最好的租车公司”，但因为赫兹是这个行业的第一，顾客不禁会想，“这些人没有占领最高的那级阶梯，怎么可以说自己提供‘最好的租车服务’呢？”后来，艾维斯承认了自己的地位：“艾维斯在租车行业里只是第二，那为什么还要选择我们？因为我们比第一更加努力。”艾维斯十多年来直线亏损，但在它承认了自己是第二之后，转机就发生了，他们开始赚钱，赚得盘满钵满。艾维斯也因此保持着第二品牌的地位，这个老二从来没有被超越过，所以它巩固了它自己的位置，世界上前两大租车公司，第一是赫兹，第二是艾维斯。但是，不久艾维斯就换了东家，新东家下令撤换艾维斯的这一广告主题，开始说“艾维斯即将成为第一”，结果大难临头。

很多营销人士误读了艾维斯的故事。他们认为艾维斯之所以成功，完全归功于它更努力，比第一有更好的服务。但事实全然不是这样，艾维斯的成功源于他们把自己跟已存在于顾客心智中的赫兹联系起来。

我们再看国内乳业的一个案例，它也是利用阶梯法则，而迅速抢占市场份额。

蒙牛创立之初，面对强大的伊利，并没有采用正面进攻的方式与其竞争，而是打出“创内蒙乳业第二品牌”的口号，在顾客心智中与内蒙乳业第一品牌伊利直接产生关联，达到了迅速有力地提升蒙牛品牌的心智地位的功效。同时蒙牛很默契地与伊利共同推广“草原奶”的概念，推动了自身品牌的高速增长。

在顾客的心目中，你的产品所在市场的阶梯怎样？这个阶梯中有多少个梯级？这依赖于你的产品是高密度使用产品还是低密度使用产品。人们每天都会使用的产品属于高密度使用产品，如可乐、啤酒、牙膏、食品等，这类产品市场阶梯中的梯阶较多；不经常购买的产品属于低密度使用产品，如家具、箱包等，这类产品对应的梯阶较少。能够为人们带来满足感的产品属于高密度使用的产品，如轿车、相机、球具等，这类产品对应的市场往往梯阶也较多，尽管它们不被经常购买。不被经常购买并且可能导致不愉快的事情相关的产品对应的市场梯阶一般较少，如汽车电池、轮胎、生命保险等。在市场占有率和所处的梯阶之间有很大的关系。有时候，你虽然能够主宰自己的产品对应的市场阶梯，但是这个阶梯太小。做一个大池塘中的小鱼可能要比做一个小池塘中的大鱼要好一些。换句话说，在一个很大的市场上位居第三可能比在一个很小的市场上位居第一要更好一些。接下来，举例说明。

在柠檬汽水类饮料的阶梯中，七喜居于首位，雪碧居第二位。但在整个软饮料产品大类中，可乐系列的产品市场要远远大于柠檬汽水类产品市场。由此，七喜厂商进行了以“非可乐”为主题的营销活动，与此同可乐产品竞争。

正如以茶替代咖啡一样，七喜成为可乐饮料的替代品。七喜曾一度成为美国的第三大畅销饮料。

然而不幸的是，近年来七喜又丢掉了其第三大饮料的地位。其原因是，它违背了我们将在后面讨论的一条营销法则。

上面的观点和案例向我们说明一点，那就是阶梯法则所包含的真谛是：在营销中，***心智决定市场，品牌的心智决定市场地位，心智份额决定市场份额。***

但值得一提的是，阶梯法则很简单，也非常有用，但在开始一个市场计划之前，首先请问自己几个问题：在人们的头脑中，我们到底处在哪一个梯阶？第一、第二、第三，还是根本不在这个市场阶梯上？然后根据自己的产品在市场阶梯中所占据的位置，制定出具体的营销策略。处于市场阶梯不同位置的营销策略也应各不相同。

最后，有一个小小的建议就是，一种好的营销战略选择方法是：处于第一位置的产品选择防御策略，处于第二位置的产品选择进攻策略，处于第三位置的产品选择两翼包抄策略，处于其他位置的产品应选择游击战略。

精彩回顾

1. 任何一个品类在顾客心中都有阶梯类别，在进行市场营销时，一定要认清自己的产品处于哪个阶梯类别。

2. 根据自己的产品在市场阶梯中所占据的位置，制定出相应的营销策略。

第12章
第九条：二元法则

在一个成熟的市场上，营销的竞争最终会成为“两匹马的竞争”的局面。

根据前文的阶梯法则，我们知道，在未成熟的市场上出现一个新品类，那么这个新品类会有很多层阶梯。但随着市场成熟，品类阶梯最终只剩下两层。也就是说，在一个成熟的市场上，营销的竞争最终会成为“两匹马的竞争”的局面。

现在我们一起来看一下，在各个行业中二元格局是如何的。在可乐业，有百年老字号的可口可乐和新生代的百事可乐；在美国的租车行业，有赫兹和艾维斯；在胶卷业，有柯达和富士；在快餐界，有肯德基和麦当劳；在软件业，有甲骨文和微软；等等。

通过以上的营销案例，我们会发现，市场上最终将形成两家大公司进行竞争的局面——其中一家生产可信赖的老牌号产品，另一家则为后起之秀。

在1969年，可乐市场上有可口可乐、百事可乐和皇冠可乐三个主要品牌，分别占据的市场份额为60%、25%和6%。其余的份额由其他品牌的产品占有。二元法则预示着将来只有两种品牌主导市场，并且，领导品牌将会失去一些市场占有率，而第二品牌将会赢得一些市场占有率。事实上，市场也验证了该法则的正确性。在1991年，第一品牌可口可乐的市场份额降低到45%，第二品牌百事可乐的市场份额增加到40%，而排名第三的皇冠可乐则下降到3%。（见下图）

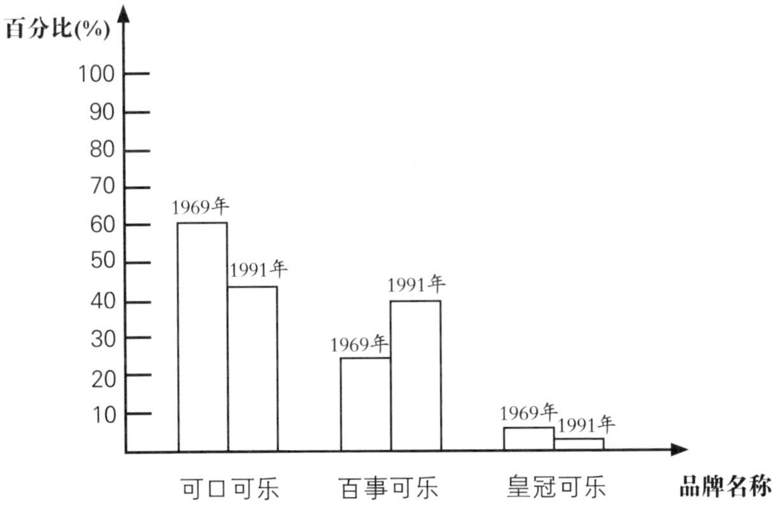

中国茶饮料市场当前的格局也证明了二元法则。根据最近AC尼尔森的一项调查显示，康师傅占有该市场40%的份额，而统一占有30%的份额，第三品牌（娃哈哈）远远落在后面，只有5%的份额。在中国还有很多其他的瓶装茶饮料品牌，我们相信，其中很多品牌都渴望在这个每年以15%的速度增长的市场中占据可观的市场份额。但是，可能吗？我们认为这种情况已经很难发生。当一个市场被两个主要品牌主导时，第三品牌要占据可观的市场份额是非常困难的。

中国行业巨头的二元化格局不仅出现在饮料行业，在其他行业也不断显现，如乳业是伊利和蒙牛，高档白酒领域是五粮液和茅台，内衣市场是三枪和宜而爽……可以预见，随着竞争的加剧，特别是经济的全球化，竞争壁垒将被逐渐打破，二元法则在各个领域开始显现出威力，“两匹马竞争”的格局将广泛存在于各个行业中。

接下来，再来看看美国的空运行业的情况。这一行业中占主导的是UPS和联邦快递。后来，欧洲最大的空运服务品牌DHL看到该行业在美国市场的前景，于是就以10.5亿美元收购了一家小型的空运公司，进入了美国市场。在接下来的一年中，DHL发起了数百万美元的广告宣传以加强它在美国的业务，然而毫无用处。在经历了2007年的10亿美元亏损和2008年的15亿美元亏损之后，DHL在2009年1月宣布退出美国市场。DHL的遭遇又一次向我们说明了，在一个成熟的行业，最终获胜的是那些首先进入顾客心智的品牌，与两大主要品牌相比，DHL是一个虚弱的第三品牌。

由此可见，了解市场从长远来看是一个二元市场，对于你制定近期或者中期市场战略是非常有益的。当你是某一类型市场的第三品牌时，就需要认真考虑一下自己的市场策略了。合适的市场策略对你的市场占有率是起到关键作用的。

在市场竞争中经常出现的是，在第二梯阶的位置上，往往不止一个品牌。以笔记本电脑为例，东芝是第一品牌，占据21%的市场份额，但是排名第二的有五个公司，包括Zenith、康柏、NEC、Tandy和夏普，每一个公司大约有8%—10%的市场份额。现在，虽然笔记本电脑市场已经有大约130个品牌，从二元法则来看，将来只有很少的品牌会存在。我们将拭目以待。

再来看看汽车市场。在1904年，美国大约有61家汽车公司；10年内增加到531家汽车公司，但是有346家倒闭；到1923年为止，只有108家继续存在；到1927年，剩下44家。现在，福特和通用主导着整个汽车市场。

第一日化品牌的宝洁公司也是这个法则的信徒。飘柔、海飞丝、沙宣、护舒宝、帮定适、佳洁士、吉列、汰渍等等无一不是各自领域数一数二的品牌。当然没有做到第一第二的也不少，比如中国市场上的润妍洗发水、激爽沐浴露等，但宝洁一旦意识某个品牌在所处领域做不到第一第二，就当机立断将其砍掉，所以你现在在市场上看不到润妍和激爽。

成功的市场专家将会把主要精力放在第一和第二梯阶上。通用的CEO杰克·韦尔奇曾经说，在通用，只有那些在市场上是第一或者第二的产品才能在全球竞争市场中获胜，并被保留和飞速发展，剩余的或者被关闭，或者被整顿，或者被出售。

当然，在阶梯上占据第二或者第三位置的产品的销售情况可能看起来也非常诱人。销售额上升，新的顾客不断加入自己的客户群。但是，这些顾客往往开始不知道谁是市场上的领袖，所以他们往往在做出购买决定时，选择那些看起来比较吸引人或者有趣的产品。

随着时间的推移，这些顾客逐渐认识了市场，并认为市场上领先的品牌较他们以前选择的品牌会更好，所以他们会转而成为领先品牌的客户。值得注意的是，客户往往认可市场上产品的竞争。因此，对于市场上第一、第二的品牌，客户会认为：这些品牌是最好的，因为它们是市场中的领袖。

精彩回顾

1. 市场竞争到最后，只会剩下两个主导市场的品牌，而顾客也认为这两个品牌是最好的。

2. 合适的市场策略对你的市场占有率是起到关键作用的。

第13章

第十条：反向法则

要想做市场的第二，你的策略应由第一品牌来决定。

再强大的品牌，也有自己的弱势。对于任何强大的领导者，处于第二阶梯的品牌也会有机会将对方攻破，将其优势变为弱势。正像角力时，利用对方的力量来对抗对方一样，一个公司也应该想办法将对方的弱势转化为自己的优势，以便与领导品牌相抗衡。

如果你想在第二级阶梯站稳脚跟，就应向处于第一阶梯的领导者学习。首先要了解它的强势在哪里，怎样把它变成一个弱点，学习反向法则——要做第二，你的策略应由第一品牌来决定。必须挖掘出领导品牌的精髓，然后以其对立面出现在顾客面前。换句话说，不要尝试去做更好，而要做与众不同。

在这里需要提醒大家的是，一旦你强调你比竞争对手更好，比领导品牌更有优势时，你将岌岌可危。为什么会这样呢?

因为顾客不相信你这样的论调，你一旦这样说，顾客就会反驳你：既然你比领导品牌更好，为什么你不是第一？如此一来，你的沟通信息就进不了顾客的大脑，结果导致顾客不买你的账。既然这样的策略会遭到顾客的反驳，那么作为后起之秀的你应该如何挑战老字号呢？其实方法很简单，就是与领导品牌唱反调（即本章所讲的反向法则）。如何与领导品牌唱反调呢？下面，我们举例说明。

可口可乐是具有百年历史的第一品牌。只有七个人知道可口可乐的配方。根据反向法则，百事可乐提出了面向年轻一代的可乐饮料，声称这是新一代的可乐，并因此成为第二品牌。对于任何类型的市场来说，总是有一些顾客希望购买第一品牌的产品，也总有一些顾客不希望购买第一品牌的产品。作为希望成为第二品牌的公司，就需要以后者作为市场策略的主要诉求对象。因此，如果百事可乐能够吸引到所有的年轻人选择百事可乐，那么还有谁会去喝皇冠可乐呢?

对立在顾客心智中是明显而强有力的分化。简单地说，市场中同一品类的顾客会分成两个群体，一个群体倾向于选择领导者，另一个群体则不愿意选择领导者，并且通常选择与领导者对立的产品。处于品类第二位的品牌获得了成功，甚至战胜领导者，毫无例外都是因为第二品牌使用了“做对立面”的战略。如奇瑞QQ用时尚、活力、现代的概念，将奥拓定义成老旧、过时、缺乏活力的形象，一举成为小型经济型轿车的代表。

广州报业市场上，《广州日报》依靠开国内市民报之先河获得迅速发展，成为国内广告收入第一的报纸。面对强大的《广州日报》，《南方都市报》面市之初采用了对立面战略，针对《广州日报》的大版面、权威、稳重的特点，《南方都市报》采用小版面突出新锐、时尚的特点，从而获得了年轻白领的青睐，一举成为了广州第二大报。

再来看一个我们国内饮料业的案例。

王老吉通过开创“防上火”饮料的新品类成功建立了品牌，和其正、邓老、黄振龙、白云山等纷纷跟进。但是所有的品牌都在跟进、模仿王老吉，而没有一个品牌站在王老吉的对立面。结果，它们反而加强了王老吉这个品牌的地位。

显而易见，由苦成甜，改变“药饮”身份，从药房成功走向大众市场，成为“预防上火”的饮料，突破了地域限制，一举成为凉茶第一品牌并打败在中国的可口可乐，这是王老吉的成功路径。其强势所在，也是其致命弱点所在，更是凉茶“百事可乐”得以诞生的机遇之所在。只有牢牢抓住这一根本，把握凉茶分化的规律，站在王老吉的对立面，打造凉茶“百事可乐”才能成为现实！

想要模仿领导品牌就是一种错误，记住：市场上永远永远只有两种人，第一种人是想买领导品牌的人，第二种人是不想购买领导品牌的人。

想要打入前两大品牌，想要跟领导品牌竞争，你必须锁定第二种人，不想买领导品牌的人。站在跟领导品牌相对的位置上，你就抢走第一品牌代替品的生意。如果年纪大的人喝可口可乐，年纪轻喝百事可乐，就没有人喝别的可乐了。明白我的意思了吗？

与领导品牌对着干是成为强势第二品牌的不二法门，如果你并没有这样做而暂时坐上了第二把交椅，那么就给后起之秀留下了有朝一日将你掀翻在地的机会。如美国斯科普漱口液以“口味好”攻击李施德林的“满口药味”，而将原排行第二的强生米克林漱口液逐出了市场。

我曾经看到在麦当劳的中国餐厅里面，也卖了很多像肯德基这样的炸鸡翅，因为它太想要抢鸡肉的市场，因为肯德基在中国鸡肉销售量实在太大，因为中国人对鸡肉的需求量实在太大了。

麦当劳炸鸡翅了，它做的鸡翅跟肯德基很像，但比肯德基口味更辣。针对这一个产品，它站在和肯德基相对的位置上了。但是后来，肯德基推出了香辣鸡翅，它宣传的是：辣得刚刚好。什么意思？它就告诉你说，麦当劳的鸡翅太辣了，而肯德基的辣味刚刚好。

你要懂得把别人的强势转化为弱势，把自己的弱势转化为强势。全球通强调什么？覆盖面广，对不对？移动通信的领导品牌，成功人士的选择，对不对？

新时空说什么？说新时空通信良好，防辐射，健康，技术好，不被窃听，对不对？它们也在用前两大品牌的竞争方法——反向法则。

精彩回顾

1. 即使是市场上的第一品牌，也有它的弱点，所以处于市场第二的你，也有机会将对方的弱点变为自己的优点。

2. 与其模仿市场的领导者，不如与它对着干，这样就很容易占有那些不喜欢第一品牌的顾客资源。

第14章

第十一条：分裂法则

营销市场就是一个商品品种不断扩大的海洋，就像变形虫一样在培养瓶中不断分裂。

随着时间的推移，一个产品类别将会进一步分裂成两个或两个以上的产品类别。在产品生产的最初期，它是一个单一的产品，但随着时间的推移，产品市场日趋成熟，就会出现由一个品种逐渐细分为两个或两个以上的品种的现象。营销市场就是一个商品品种不断扩大的海洋，就像变形虫一样在培养瓶中不断分裂。

开始时，某类产品只是单一的一个品种。随着时间的推移，这类产品就会细分为很多品种。比如，在汽车行业，它早期的产品非常简单。雪佛兰、福特与顺风三大品牌曾统治了美国市场。而今天，从不同的方面，汽车已细分为豪华车、中等车和经济车，或分为大型车、中型车和小型车，或分为跑车、四轮驱动车、旅游车和小面包车等。

和汽车行业一样，瓶装茶饮料也是从一个单一品类发展起来的。最初只有绿茶，可是没多久各种口味的茶饮料如雨后春笋般地涌现出来，如冰红茶、冰绿茶、红茶、乌龙茶、茉莉花茶等，或许不久后随着市场需求的变化，会分化出更多不同品类的茶饮料来。

啤酒也是同样，今天我们有国产啤酒，有进口啤酒，有高级啤酒，有大众啤酒，有淡啤酒、扎啤和干啤酒，甚至还有无醇啤酒。

产品就是这样不断被分类的，产品类别就是这样不断被扩张的，行销的战场就是不断分类的类别的战场。汽车行业、饮料行业、啤酒行业都是如此，其他行业也不例外。电视机分化为CTR、液晶、等离子等品类，甚至空调也分化为中央空调和家用空调，而家用空调又进一步分化为卧室和客厅空调等品类。

你永远可以找出一个没有人满足的需求，进去当第一人，你永远可以找出一个没有人找出的类别，进去当第一人，你永远可以找出一个创造的类别，进去当第一人。这就是分裂法则的精髓所在。

事实上，分裂不仅在市场营销上才产生作用，它甚至会影响到国家。在18世纪中后期，世界上只有30多个帝国、王国、国家和联邦，然而200年后，世界上的国家超过了130个。而现在，已经是有接近200个实体被看作是主权国家。

过去，只有古典音乐和流行音乐之分。那时你如果想跟上流行乐潮流只须收看电视中每周10大流行歌曲的排行榜节目，或收听广播中的40大流行曲排行榜节目。而今天，这40大流行曲已细分为多种排行榜。

音乐界的圣经《排行榜》杂志把音乐分为古典乐、现代爵士乐、乡村音乐、舞曲、拉丁舞曲、爵士乐、流行音乐，绕舌乐、强节奏布鲁斯和摇滚乐等11类。

各种被细分的品种都是一个分立的、独特的主体，都有其存在的理由，都有其领先品牌，而这些领先品牌都很少与细分之前该大类的领先者相同。例如，IBM 是计算机主机的领先者，DEC是微型机的领先者，而太阳公司则是工作站的领先者，等等。

但是，有非常多的公司、非常多的人不了解分裂的观念，他们还天真地以为，所有的行业都被整合，所有的产品都被整合，所有的上下游都被整合。世界上的国家是越来越多还是越来越少？你仔细想想看。

例如，微软在3C（Computer计算机、Communication通讯、Consumer Electrics消费类电子产品）计划上浪费数十亿美金，却没有任何结果。在中国，3C融合一直被家电企业当作必然的趋势，TCL就是一个典型。从20世纪90年代中期开始，TCL为3C计划投入了巨资，并为此挖来了微软前中国区总裁吴士宏，最终却以信息家电失败、吴士宏黯然辞职而收场。

可见，所有关于产业整合、企业联盟的观念都违反了分裂法则，都不会成为真正的趋势，产业类别只会逐渐分类，不会逐渐合并。

再看一个相关的案例——被兜售得最起劲的金融服务业务。据新闻界声称，将来我们将不再有银行、保险公司、证券经纪商以及抵押贷款商。我们有的将只是金融服务公司。可惜这还未成为事实。美国谨慎保险公司、美国特快专递公司，以及其他公司已经落入金融服务的陷阱。用户并不愿享受这种金融服务。

他们仍愿直接购买股票、人寿保险或使用银行账户。他们更愿向不同的公司购买不同的服务。而非像新闻界声称的那样去享受金融服务。

领导品牌想要进入新类别的时候应该注意，要改头换面，以不同的品牌名称进入，以不同的形象进入，以继续维持龙头老大的地位。如果领导品牌今天用同样一个品牌去做别的类别、别的行业了，你原来的龙头老大地位就不复存在了。

举例来讲，有没有看到图片上有一家是肯德基，有一家是必胜客， 家是卖炸鸡，一家是卖薄饼。薄饼是一个新类别，必胜客进入了，但你知道必胜客是谁开的？是肯德基开的。

最近，很多机场出现了肯德基开的中式快餐连锁店，但它们并没有叫肯德基早餐店，也没有叫肯德基中餐店，而是用了一个新的品牌，进入一个新的类别。

为什么呢？一个品牌只能等于一个概念，新的概念要用新的品牌来进入，这也就是我们前面讲的聚焦。

碳酸饮料不断有新类别出现，但是你们知道柠檬口味的雪碧和橘子口味的芬达是谁推出来的吗？

很可能很多人都不知道，这两种不同的口味碳酸饮料都是可口可乐公司生产的。

综观营销市场，我们发现分化已成为一种趋势，并且决定着企业的生死，但是你知道其中的“机”与“危”吗？面对这种“机”与“危”，我们应该采取什么的策略来应对？

分化是大自然的规律，不可避免，问题是企业到底应该如何应对这种缓慢但坚定的代表未来趋势的分化品类的出现？

首先，取用新名字。

应对分化，最保险的做法就是取用新名字，即便那只是一种时尚；对于趋势明确的分化，你一定要用一个新名字。新名字让你和老品类老业务区分开来，获得独立身份，这是你抓住分化机遇的前提。

名字是思维的挂钩，新业务只有先进入心智才能真正进入市场。取用新名字，这是面对分化，开展新业务最重要的决策。

格力进入变频空调领域，需要一个新名字，美的、海信、海尔也一样。否则，就会混淆顾客的认知，更会淡化老品牌，而新品牌也无法“崛起”。

其次，进攻老品类。

分化出来的新品类业务最大的价值就在于与老品类业务不同（否则就不需要这种分化），新品类不能依靠内部之间的竞争发展壮大，只有依赖攻击老品类而获得生存空间。

推广要一致对外，找到老品类的缺点或不足，化老品类的弱势为自身的强势，与顾客沟通，让顾客充分了解这一点并强化对这个不同价值的重要性的认识，从而改变原来固有的消费模式。

格力不要纠缠于与美的、海信等内部的争斗，格力应该把定频空调作为竞争对手。海信似乎已经认识到这一点，最近新闻报道海信已经放弃了定频空调的生产和销售。这是一种明智的选择。

最后，把握时机。

有时你可能会过早地开发了某种新产品。在20世纪50年代，纳什兰博勒是美洲汽车公司生产的第一种小型车。但是，该公司要么是由于缺少勇气，要么是由于缺少资金，而没能将该产品的开发坚持下来。

国内乳品由原来单一的鲜奶品种起步，短短几年时间，从产品本身到包装形态到消费时间、场所等多方面的细分一直在不断地进行。通过细分产生了许多强势品牌。如妙士，根据顾客需求所细分出来的“餐饮奶”，一举确定了妙士在“餐饮奶”市场领导品牌的地位。

虽然细分是大势所趋，但要想成功，还存在一个选择恰当时机的问题。这很好地解释了为何一些很有创意的细分产品在推广过程中屡屡受挫。如DHA奶，本是一个较好的细分产品，但在含DHA保健品推广失败，留给人们的阴影还没散去之时推广DHA牛奶，无疑是选错了时机。

所以在中国乳业市场尚未定型，日益变化的今天，靠适时的推广加上有个性的产品，占领属于自己的某一细分市场是可行的，并且是十分必要的。当有了属于自己的市场后，积聚自己的品牌效应才会更加简单而有效！

然而，早总比晚好。你***若想使自己的产品在顾客心目中生根，就必须准备在事物的发展过程中耐心地等待***。

精彩回顾

1. 随着时间的推移，某类产品总是从单一品种细分为很多品种，这是机遇也是挑战。

2. 面对新的品类，要想让它获得顾客的认可，第一就是为其取一个新名字，第二就是不断进攻老品类的缺点。

3. 产品就是这样不断被分类的，产品类别就是这样不断被扩张，这就是市场的规律，不可避免。

第15章

第十二条：长期观点法则

一个企业要有短期的销售目标，也要有长期的发展计划。不要只注重“杀鸡取卵”的短期效果。

行销效果短期看不出结果，要长期才能见真章。一个企业要有短期的销售目标，也要有长期的发展计划。不要只注重“杀鸡取卵”的短期效果。

医学研究表明，酒精是一种强抑制剂，在短时间内通过对人的抑制神经的压制，酒精发挥着兴奋剂的作用。不信，你到酒吧去看看。在酒吧里的那些饮酒者，无不豪情奔放。这时的酒精，就是起兴奋剂的作用。但是，如果你有幸目睹那些曾在酒吧欢愉的人，在半夜三更醉倒在街头时，你肯定会说酒精是一种抑制剂。

然而，很多市场行为都表现出同样的现象，某些做法的长期效益和短期效益却刚好相反。比如：

在中国白酒行业里，很多企业不停地推出一个又一个的新产品，每一个产品都要做大量的推广和促销，却忽视了品牌的经营。而高额的促销、返利、终端费用拖垮了越来越多的企业，行业的领先品牌依旧是几乎从不做促销的茅台、五粮液、剑南春。

在营销市场上，我们还看到一种常用的营销手段——降价促销。降价促销已经成为商家惯用的促销模式，尤其在零售行业显得更为突出。每逢节假日，大大小小的商场又是打折，又是抽奖，又是返券，总能让顾客过足了购物瘾，在忙于奔波中享受购物的乐趣，最终大包小包满载而归，虽被掏空了钱包，还觉得占尽了便宜。

这种让顾客感觉占了便宜的降价促销究竟是会增加还是会减少产品销量呢？一般来说，在短期内，降价会明显地增加产品的销量。但从长期效益来看，如果降价销售后，大部分顾客就不愿意以正常的价格购买商品，那么促销只会减少产品的销量。

事实上，这种降价促销方式除了可以让顾客觉得他可以用更少的钱买到东西外，还会给人什么信息呢？它不过说明你平时的常规价格太高了。在降价销售结束以后，顾客往往会回避这种有减价声誉的商店。

两大家电零售巨头“国美”和“苏宁”就经历了多年的价格战，现如今双方为了避免价格战的伤害，分别与家电厂商联合采用了定制商品或者部分商品包销的方式。各自商场所销售同类产品的颜色和型号甚至都不会相同，这样就会尽量避免双方之间的价格冲突，这样也就保住了商家和制造商各自的利益。因此，价格促销也需要一个良好的商业环境，进一步规避价格战，这样才能够保证自己最终的利益。价格只是相对的，而价格形象才是零售企业成功的关键，全面的低价格固然会造成企业的低价格形象，却不是企业长期打造价格形象的可持续发展之路。同样，***价格促销所带来的毕竟只是一种眼前利益，而且客流量的大小并非就意味着商家能够在大赚人气的同时大赚钞票。***

纽约市最大的家具经销商西曼斯公司曾经每周都进行一次降价销售，最后，该公司破产了。

没有证据说明优惠券销售从长远看会增加销售量。很多公司发现他们每季度都要发放一次优惠券，以保持平稳销售。而一旦停止发放优惠券，销售量便会下降。这意味着，该公司发放优惠券不是在增加销售量，而不过是在保持发放优惠券后的销售量不致下降。优惠券销售就像一种毒品，你连续使用它只不过是因为停用它的结果会过于痛苦。

任何形式的优惠券销售、折扣销售以及其他降价销售都不过是在告诉顾客，只有在得到便宜时才购买。假如商家从来就不发放优惠券，结果又会怎么样呢？结果是不攻而破，比如白酒行业的五粮液，零售行业的沃尔玛。

在日常生活中有很多短期受益而长期受损的事例：

从即时效果来看，过度饮食可以满足人的食欲，但从长久看，它将导致肥胖甚至精神沮丧。

在生活中的很多其他方面（如花钱、服药），某种行为的远期效果与近期效果往往明显矛盾。但为什么市场营销行为的远期效果如此难以为人们所认识呢？

想要了解这个问题的本质，我们要先看看品牌延伸。很多企业在打响了某一个品牌之后，就借助已有的品牌延伸到其他产品。从短期效益来看，确实很多企业从品牌延伸中尝到了甜头——销量大增。但是，最终的命运如何呢？

诠释这个问题的最好案例就是春兰空调。1994年春兰空调销售额达到了53亿元，居全国第一，1995年春兰确定了2000年销售额达到180亿元的目标，为了达到这个目标。春兰进入了彩电、冰箱、洗衣机、卡车等领域，销售额实现了快速增长。到了2000年，春兰的销售额达到了185亿元，但利润开始下滑。到了2005年，春兰多元化的恶果开始显现，出现持续亏损，最终被迫退出了股市。

从春兰空调的案例中，我们不难发现，春兰因为品牌延伸，销售额从1994年的53亿元增加到2000年的185亿元。仅仅六年的时间，春兰销售额就增加了两倍多，这就是品牌延伸带来的短期效益。可是长期效益却十分严峻，从2000年开始，春兰的利润就开始下滑，直到2005年因为持续亏损而被迫退出股市。这就是多元化的恶果。

很多公司短期看到的效果，长期来看是错的。接下来，我们再举些例子进一步说明问题。三星生产手机、电脑等，每一个都是最时髦的新产品，很受年轻人的青睐，因此使得短期公司业绩倍增，但是因为多元化的结果，三星不会成为一个产品的类别品牌，最终这个企业后继无力，因为它在每一个领域都输给那个领域的专家，聚焦的那家公司会赢得市场。

可见，聚焦的公司赢走了它的其中一个产品的市场，人家只做专门的专家，你做多元化的杂家，表面看起来是赢，最后是输，你每一项都输，从长期效益来讲没有品牌力量。

再举个例子。假如今天有一个医生对你说，我什么科都懂，我懂脑科、内科、小儿科、妇科，总之有病找我就对了。如果你去看病遇到这样的医生，你会怎么想？你会怀疑这个人不会是真正的好医生，对不对？其实理由很简单，如果头疼了，你就会想找脑科，胃痛想找肠胃内科，骨折想找骨科，小孩生病想找儿科，妇女生病想找妇科，对不对？

人们相信专家，长期来讲，最终会赢的是那些懂得聚焦的人，虽然短期来讲，多元化会让你获得利益。

所以你要记住，对于那些短期效果很好的，但从长远来看会造成衰退的策略、计划，就要特别小心、谨慎地使用了。而对于那些短期效果不好的，但只要你坚持长期使用反而效果会增长的策略，你一定要学会它。

康师傅作为一个以方便面业务在中国内地起家的企业，它给人的印象就是方便面的代名词。也正因为在方便面上的成功，使他们误以为可以借该品牌的影响力将产品延伸到其他领域。后来，康师傅从方便面到零食，从饮料到乳品，从物流到便利店，无所不包，而这样多元化的结果，致使康师傅这个品牌的衰退。

为什么呢？因为原有的形象变模糊了，康师傅等于什么都是的。有一天我说帮我买康泰克，你会买感冒药，帮我买邦迪，你会买创可贴，帮我买一杯星巴克，你会买咖啡，要是我说帮我买一包康师傅，你会说买方便面还是饼干，还是买纯净水呢？

对不对？它的品牌力量被自己的品牌延伸给削弱了，龙头老大的位置就会拱手让人了，让给谁？让给专门做这产品的人。

如果有一天可口出品可口牌电冰箱，可口牌方便面，可口牌牛奶，可口牌巧克力，有一天我说帮我去买可乐，你可能买百事可乐了，为什么？因为它聚焦，你不会联想到可口可乐了。

所以怎么办呢？刚刚讲过不是不能进入新行业，而是要用新的品牌进入，所以品牌延伸短期一定会提高营业额，长期一定会使营业额下降。

市场营销看上去简单，但它的确不是外行人所能胜任的。

精彩回顾

1. 对于那些短期效果很好，但从长远来看会造成衰退的策略、计划，就要特别小心、谨慎地使用了。

2. 促销、降价，能在短期内提高企业的营业额，但从长期来讲，它不利于品牌的建设。

1

第16章

第十三条：品牌延伸法则

在顾客心智中，一个品牌最代表一件东西，一旦你进行品牌延伸，那么你实际上就为自己设立了一个敌人。

品牌延伸是将一个成功的品牌延伸到你计划推出一个或多个新产品上去的做法。违背品牌专有法则的表现就是品牌延伸。

品牌延伸法则是所有法则中被违背得最多的一条法则。因为品牌延伸是在不知不觉中自然而然地发生的，它不是企业上上下下主观努力的结果，品牌延伸太“顺理成章”了，太符合人们的“想当然”了，就像我们“顺理成章”地随手将新买回来的衣服往衣柜里一塞或将文件资料随手往抽屉里一塞，衣柜、抽屉不知不觉地被塞得满满的了，但我们不是有意要将衣柜或抽屉塞满或塞得乱七八糟的一样。

如果我们用心观察，一个小镇上的商店往往是什么都出售的杂货店，而在一个城市里，杂货店越来越少，专卖店越来越多。常识告诉我们，市场越大，产品越趋向细分和专业。事实上也是这样，在更大的市场里，企业在各个领域都会面对更多、更强大的竞争对手，因而成功的机会大大减少。

很多企业不断地犯同样的错误——品牌延伸，三星、LG，日本和韩国经常做这样的事情，中国也有很多大企业在做这样的事，比如海尔、娃哈哈、春兰。竞争对手还没有聚焦的时候，你做品牌延伸看起来会强大，你做什么品牌好像都可以独大，但每一个产品最后出现一个聚焦，都会把你一部分市场抢走。

先以娃哈哈为例。娃哈哈品牌从AD钙奶延伸到瓶装水、果汁、牛奶、绿茶等领域，并在短期内实现了销量的增长。娃哈哈的品牌延伸一度被国内部分营销人士称为品牌延伸的经典，并以此为据反驳定位理论。但事实上，娃哈哈的品牌延伸稀释了人们对该品牌的认知，娃哈哈在延伸领域几乎没有一个是处于“数一数二”的位置，利润也大幅下滑，这也成为其被迫与达能合资的主要原因。

以海尔为例，海尔的产品涉及电器、IT、饮食、药业甚至金融等行业。实际上，除了海尔最先进入的领域如洗衣机、冰箱等少数产品能够占据第一品牌的位置，海尔延伸的其他大多数产品并没有成为领导者。

当海尔凭借知名度和出色的服务口碑从最先的冰箱延伸到洗衣机行业的时候，国内洗衣机行业还没有产生实力、知名度可以与海尔抗衡的企业，竞争较弱，因此海尔在洗衣机行业能够迅速成长，成为国内洗衣机的第一品牌。然而，当海尔后来进入彩电、电脑、空调、手机等系列领域的时候，情况就大不一样了。在这些领域里，海尔遭遇到了大量“专家品牌”的阻击：在彩电行业，强势的专家品牌有TCL、长虹、康佳等；在电脑领域，强势的专家品牌有联想、戴尔等；在空调领域，强势的专家品牌有格力、美的……海尔再也不是顾客的首选。如果说刚开始的时候，海尔还可以凭借知名度在新的领域里分得一杯羹的话，随着行业中专业品牌的不断发展壮大，海尔在这些领域中的竞争力则越来越弱。

在顾客心智中，一个品牌最代表一件东西，一旦你进行品牌延伸，你实际上就为自己设立了一个敌人。特劳斯说过：“在营销世界里，没有客观的现实，也没有最好的产品。只有一样东西——现有的潜在顾客心智中的认知，认知即是现实，其他皆为虚幻。”

伊利在品牌延伸与扩张上，也有过失败的经历，失败则正在给伊利带来品牌危机。

在2004年，伊利宣布，2004年冷品将实现大跃进，年销售额从上年的13亿元升到20亿元。为了实现这一跃进目标，伊利推出了新品种“真棒”——棒状甜口味的低价品种。为了推出“真棒”，伊利在全国范围内共投入1亿元以上的资金，但巨资投入之后，却远远未达到伊利所希望的销量，而是产品严重积压的结果。

这种错误伤害的不仅是直接利益，还有伊利这块金字招牌。可口可乐的老总说："即使一场奇怪的大火把整个可口可乐烧为灰烬，只要品牌不倒，我也可以在三年之内凭借可口可乐的品牌重振雄风。"现在的企业经济已经演化为成长经济，而成长的支撑就是品牌，伊利如果为了眼前的蝇头小利，去做出伤害品牌的举动，无异于饮鸩止渴。

纵观中国企业，不难发现，很多知名的企业都在进行品牌延伸，这种情形着实让人担忧。虽然它们目前仍然"成功"，但就像一架不符合力学原理的飞机一样，飞得越高越让人担心。

当你试图满足所有人的所有需求的时候，便不可避免地要遇到麻烦。一位管理者说："我宁愿在某一方面强，也不愿在所有方面都弱。"

Google就是搜索引擎，百度就是搜索引擎，要做别的网站，难道它们不会吗？它们没有人才吗？它们没有资金吗？它们没有技术吗？它们完全可以弄一个百度交友网站，百度邮箱，但它们不做，为什么？因为它们懂得聚焦。阿里巴巴完全可以弄一个阿里巴巴购物网站，但它们很懂得用另外一个品牌——淘宝。

一个企业涉足更多的产品类型，往往代表它得到更少，涉足得更少，往往代表你得到更多，***一旦企业所涉足的产品变多，市场上的获利就不断变小。***

有这样一个品牌的汽车叫GM，GM生产各种轿车，如普通轿车、豪华轿车、商务车、小型车、跑车等等，但是你认为GM在市场上的品牌力量有多大呢？

通用汽车有多大的市场占有率呢？品牌延伸的后果，品牌延伸价值不会被放大，反而会缩小，涉足更少，反而得到更多，要想成功必须聚焦，才可以在顾客头脑里面占有一个鲜明的地位。

大家看一下这个品牌，吉普就是越野车，它们都是越野车，进而所有人看到所有越野车就是吉普车，深入人心，吉普车变成一个类别了，“吉普”两个字变成越野车的代名词，事实上吉普只是品牌的名称，越野车才是产品的品类、种类。但是吉普车已经成为了人尽皆知的代名词，代表一个类别。

再看一个搜索引擎的例子。雅虎曾经是搜索引擎的老大，可是后来这个龙头老大的地位被Google占有了。为什么？因为雅虎又做邮箱，又做交友，又做新闻，又做笑话，首页一大堆东西，什么都有，雅虎就是因为成为了一个网站里面什么功能都有的门户网站的代表，结果老大地位没有了，被Google占有了。Google只做搜索，一上网全白，只要输入关键词，就能快速找到相关资料，不会有其他东西。

一想到李阳你们想到什么？你们会把他和疯狂英语联系起来是吧。有一年有一个城市举办财富论坛，请到我去演讲，因为他们想到财富，创富教育，教别人教育的一位导师，他们大概会想到杜云生。

但是后来我因为时间紧张没有去，他们请到了李阳老师来讲财富论坛。你们想象一下，想到李阳是想到疯狂英语还是想到财富呢？答案是疯狂英语，是吧！

这一场万人演讲会，观众不到万人，送票送了几千人，主办单位亏得很惨，为什么呢？它失焦了。有一天我看到李阳老师的名片发给我，旁边有疯狂英语，旁边有疯狂管理，旁边还有疯狂成功，我说李阳老师，你疯狂英语就是疯狂英语，怎么还讲管理，怎么还讲成功呢？

他说成功教育的市场很大，管理学的市场很大，我决定要出来讲管理和成功了。对不起，你们想到管理会想到李阳吗？你们想到成功会想到李阳吗？你们大概只能想到疯狂英语，会想到李阳吧。

综上所述，我们发现，从长期看，品牌延伸几乎从未奏效。那为什么品牌延伸还那么普遍呢？

第一，品牌延伸在短期内可以受益，短期的利益蒙蔽了它的长远危害。人们在短期的品牌延伸中得到了好处，这是导致品牌延伸的错误屡犯不止的最大原因。比如春兰空调、中国的白酒业、GM等。

第二，一个品牌的成功会使商家自然而然地认为它在其他产品上也应该会成功。比如，我们前文提到的金正DVD。他们就固执地认为在DVD这个产品上成功，在其他产品上也理所当然会成功，结果却遭遇了灭顶之灾。

第三，人们往往钟情于自己已有的品牌。他们认为，原来这个品牌太好了，再也想不出更好的品牌来了，于是就将原来的品牌用于各个新产品，他们哪里知道，原来的品牌之所以让人觉得好，是因为打响了，品牌只有打响了才是好的。

第四，想让品牌无形资产得到充分利用，以节省市场营销费用。

品牌延伸的原因并不复杂，危害也显而易见，但要真正克服它却需要公司领导人有舍得放弃、敢于牺牲的勇气，而这往往是他们最缺乏的。所以品牌延伸的错误会屡犯不止。

聚焦法则也罢，专有法则也罢，品牌专有法则也罢，都需要先自觉地有所“牺牲”。

精彩回顾

1. 当你的营销计划试图满足所有人的所有需求的时候，便不可避免地要遇到麻烦。

2. 品牌延伸的错误会屡犯不止，在于很多企业没有舍得放弃、敢于牺牲的勇气。

1

第17章
第十四条：牺牲法则

想要有所得，就必须有所失。适当的放弃是一种获得。

牺牲法则正好与上一章讲的品牌延伸法则相反。牺牲法则指的是，想要有所得，就必须有所失。适当的放弃是一种获得。当我们决定一个品牌向北走，就会失去南边的风景；决定向南走，就会失去北边的风景。选择就要有所牺牲，有所为，就必然有所不为。

在市场中，有三样东西是需要你牺牲的，分别是：产品线、目标市场以及不断的变化。

一、产品线。

品牌不能同时骑着所有的马，只能骑一匹马，最大的牺牲就是最大的收获。比如雕牌，过度地延伸产品线，过度地开采相关的行业，一会儿做牙膏，一会儿做洗衣粉等等。当你定位高端的时候就不要涉及低端，要将企业的重点集中在主要战场上，才会大有收益。不要什么都想得到，结果什么都得不到。

接下来，我们一起看下面这个三个品牌：第一个是箭牌口香糖，第二个是吉列，第三个是黑人牙膏。这三个产品都是各自领域的领导者，但是它们一辈子只有一个产品线。

难道这些企业没有资金生产别的产品，拓展别的领域了吗？当然有，只是它们懂得牺牲法则，有所得必须有所失，成功前掌握机会，成功后要放弃机会。

相信大家对《富爸爸，穷爸爸》这本书很熟悉吧，这本书的作者是罗伯特·清崎。后来，他出版了一系列“富爸爸”的书籍，包括《富爸爸自由财务之路》、《富爸爸成功的故事》、《富爸爸，富孩子》、《富爸爸，富女人》、《富爸爸投资指南》等。这个品牌系列大获成功，大家知道他为什么成功吗？因为他懂得聚集，他所有的书籍都是教别人关于投资理财、创业方面的知识，他一生只做一个领域——财富教育。如果他后来的书不是讲财富的，而是讲富爸爸健康、富爸爸美容、富爸爸如何旅游、富爸爸如何穿着等主题的书，你想他后面的书还会有人买吗？不会，对吧！所以想大家一提富爸爸，就会想到财富教育，而不会想的是别的。

市场营销是智力、观念的竞争，而不是产品或服务的竞争。在顾客的心中，富爸爸就是财富教育。如果“富爸爸”系列的主题延伸到其他方面，它就不会受到顾客的青睐了。记住：你如果想取得成功，就应该牺牲一些东西。

中国的大多数企业坠入了一个误区，就是往往在某个领域取得领导地位，便视为“做到了头”，随而以“知名品牌”转入多元化发展。当年的健力宝成功推出第五季，市场取得成功后，品牌延伸至水系列、碳酸系列、茶饮料、果汁饮料等，健力宝多品种市场策略将自己拖进了困境。

这就告诉我们，***如果你试图满足所有人，你肯定一个也满足不了；如果你想打败所有的竞争对手，结果只有你自己被打败。***

联想也是诠释该法则的很好的例子。联想在全球电脑市场占有率约为2%，在国内也不过1/3，其最新一步的战略举措，是分兵进入手机市场以求“更大发展”。此举必将导致两个结果：手机领域，因有众多品牌严阵以待，联想手机只能靠电脑利润而“养活”；电脑领域，由于手机的“吸血”，戴尔、惠普都在不断加大投入持续发力，联想电脑的日子将愈加难过，不得已将手机业务出售。

一个餐厅如果说他们又有川菜，又有火锅，又有不辣的火锅，又有粤菜，又有甜品，又有卖冰品，又有卖上海菜，又有卖杭州菜，又有卖东北菜，又有卖山东菜，你认为最后这个餐厅会不会成功呢？大概不会，因为想吃川菜的人去川菜馆，想吃火锅的人去火锅店，想吃粤菜的去粤菜店，想吃甜品的去甜品店，想吃冰的去冰店，想吃上海菜的去上海菜店，对不对？

有人说老师，我难道只做一种产品，顾客想吃别的，我就不能卖了吗？我生意怎么扩张呢？做大市场是一个产品做到全中国，做到全世界，扩张产品的销售量，销售的市场范围，而不是扩张产品的品种，去增加一小部分的重复消费量。

除非你开杂货店开在你家楼下，那没办法，你什么都得卖，你还得卖火腿肠，你还得卖鸡蛋，你还要卖饮料，你还要卖油，为什么？因为你只做这个小市场，你必须让顾客重复消费，但如果你要做大市场，你要做全中国的火腿肠老大，你只能做火腿肠，你要做全中国卖皮蛋的老大，你只能卖皮蛋，你要在全中国卖牛肉面，你只能开牛肉店专卖店，你明白我的意思吗？

聚焦做大市场，长期来讲赚到的钱会比做小市场、多元化赚到的钱更多，要成功就必须懂得放弃。比如，联邦快递牺牲其生产线，集中在隔夜送达的快递服务上，这项服务，让顾客记住了联邦快递。

二、目标市场。

有一个国内营销失败的案例。“百年润发”是奥妮系列产品中的一个，目前市场已上市的有奥妮皂角、奥妮首乌和百年润发（分青年型和老年型两种）。在“百年润发”广告里，

“文化气”和“商业气”在这里天衣无缝地结合，融汇成中国情感的、中国式词汇的民族品牌。据当时一项调查显示，广告产生的所有感动几乎都来自这个情节，这广告为企业创造了近8个亿的销售收入。在洗发水行业中，宝洁公司已拥有飘柔、海飞丝、沙宣、潘婷等品牌，这几个品牌已针对目标细分。百年润发是适应中国乌黑发质的一个品种，填补了宝洁公司的市场空缺。遗憾的是，该公司通过一项市场调查，欲抢夺宝洁公司飘柔市场，广告创意是一个美女在黄果树瀑布下洗发，将原来的百年情节完全抛弃，结果是市场销量下跌，宝洁公司及时推出一个润妍的品牌，抢夺了百年润发的市场。这个例子说明，只有牺牲掉其他洗发市场，集中力量打造百年情节的目标市场，百年润发才能立于不败之地。一味地扩张，只会造成目标混乱。

我们再看一个案例。百事可乐没有想卖给其他的目标市场，它只是想卖给年轻人，它想卖给年轻概念的人，它只想追求年轻人来买它的东西，它牺牲其他所有目标市场，不卖给老人，不卖给女人，不说要卖给上班族，不说要卖给白领，不说要卖给企业家，不说要卖给农村人，对不对?

它只说新生代的选择，这一个焦点打到现在，其中的奥秘就是运用牺牲法则。

你想要赚全世界每一个人的钱是不可能的，你只能赚一种人的钱，你要找到那一个目标市场，而牺牲掉其他的目标市场。越单一，市场占有率反而更大，我们来看一下万宝路的香烟。万宝路的香烟一直以来打广告的形象都是牛仔。什么叫牛仔?牛仔就是西部牛仔，现在还有吗?现在没有了，世界上哪里还有牛仔呢?它想卖给牛仔，但是你看到没有?万宝路是世界上最畅销的香烟，竟然卖给不存在的人，怎么会这样呢?为什么目标越窄，市场占有率越大?原因很简单，你诉求的是一种形象，是一种阳刚之美，牛仔已经不存在，但是它是一种率性，是一种性格。

所以抽万宝路的人不是牛仔，是什么人都有，但他们很想很有性格，很有个性，很有阳光之气，所以他们统统都抽万宝路了。

在这里说到了万宝路，我们不得不提另一个香烟牌子——红河。红河卷烟厂依靠聚焦红河这个品牌，并聚集于3—10元之间的中低香烟市场，而获得了巨大的成功，红河很快成为了国内香烟销量最大的三大品牌之一。此后，红河不再满足于低端市场，它先后推出了价格超过70元的多种产品，这些无一例外地以失败而告终，同时也使红河丧失成为“中国万宝路”的绝好机会。

记住：目标市场越单一，反而占有率最大。

三、不断的变化。

史玉柱曾对《赢在中国》的选手说：“品牌是需要时间积累的，不能靠一个月、两个月的狂轰滥炸就想取得多大的成效。中国企业创建品牌常有一个毛病：今年一个策略，明年一个策略，后年又换一个策略，费钱费力，还没落个好。”这段话既是对选手的寄语，也道出脑白金和黄金搭档成功的关键，尽管这两个广告“折磨”13亿人民群众数年之久。但是它始终坚持不变这种广告策略。

下面我们看一个案例。

白色城堡快餐公司采取了同样的做法，它从未改变自己的经营模式。今天的白色城堡不仅看上去与60年前的样子相同，而且它仍在以令人难以置信的低价格出售与当年同样的“冰山”。你能相信白色城堡的店年均营业收入要超过100万美元吗？

成功属于那些敢于牺牲某些东西的企业。

精彩回顾

1. 市场营销是智力、观念的竞争，而不是产品或服务的竞争。

2. 品牌不能同时骑着所有的马，只能骑一匹马，最大的牺牲就是最大的收获。

3. 任何成功的企业，都是敢于牺牲的企业。

第18章
第十五条：属性法则

任何一种产品的特征，总存在着另一种与之相对立的有效特征。

什么叫属性法则呢?

对于每一个属性而言，都会有一个对立的、有效的属性存在。也就是说，对于任何一种产品的特征，总存在着另一种与之相对立的有效特征。

属性法则告诉我们，不要与领先者“类似”或“更好”，一个更好的选择是，寻找一个能令你与领先者抗衡的对立属性。此处，一个关键的词是“对立”。也就是说，如果某个代名词已被领先者占有，你所能做的，就是选择其次的代名词，或者以与领先者“对立”的形象出现。

排他性法则是说，同一个词不能同时被两家公司拥有。你必须找到另一种属性，从而找到属于自己的那个词。

大多数时候人们总想通过效仿领导者达到成功，“他们（领导者）肯定知道怎么做会更有效。”效仿者这样说，“那么，我们可以做相似的事情。”这样想并不能成功。

事实上，更好的策略是找到一个与领导者相反的属性，给领导者迎面一击。关键词是“相反”，而不是“相似”。这就是属性法则——对每一个属性来说，它都有一个与之相反而有效的对应属性。

王老吉凉茶以“预防上火”的特性获得成功之后，国内饮料企业纷纷推出各种凉茶品牌。虽然表面看来这些品牌都有“卖点”，如邓老凉茶先后宣传“中国凉茶道”和“时尚凉茶”，和其正凉茶宣传“清火气、养元气”等，实际上这些品牌都未能聚集有效特性，更未能从王老吉的对立面发掘针对性这一特征，从而也未能成为凉茶领域的“百事可乐”。

市场营销是思想观念的竞争。你要想成功，就必须有自己独特的思想或特征，并以此为中心做出营销努力。如果没有这些的话，你就只能有低的价格，非常低的价格。比如沃尔玛——天天低价。“低价”就是沃尔玛区别于其他竞争对手的属性。

牙膏有多少种属性？有防蛀的，有洁白的，有口气清新的……每一种属性都有其对应的品牌。比如，高露洁拥有“防蛀”这个词，而黑人牙膏强调洁白，以及后来出现的田七，它强调的是中药成分等。

牙膏的多种属性使其产生了多个品牌，洗发水亦如此。只要你能找到自己独特的属性，并以此为中心展开营销，那么你就有可能获得成功。海飞丝去头皮屑，如果你再做一个去头皮屑就不能再赢过海飞丝了，因为它已经有了这个属性，而且是领导品牌了，去头皮屑的领导品牌是海飞丝。如果你还想做洗发水，怎么办？你可以做柔顺的，于是柔顺专家的洗发水诞生了——飘柔。飘柔成了具有柔顺属性的洗发水领导品牌。这时，你还想做洗发水，怎么办？那你要再找到新的属性，比如沙宣——造型大师，潘婷——讲营养护发，中药世家霸王——乌黑亮丽首乌等等。

简单来说，即一种特征一旦成功地为你的竞争者所拥有，便一去而不可得了。你必须转向另一种次重要的特征，并在该类产品中占有一席之地。你的任务在于抓住一种独特的特征，并戏剧性地宣传这一特征的价值，进而提高你的市场份额。麦当劳的属性是快速，还有儿童快乐的世界。

我们再来看看成龙。当年成龙已是功夫喜剧王，他不用靠特技表演，不用替身，从香港红到全世界。而当年美国的史泰龙在美国好莱坞大红大紫的时候，他曾经通过媒体直问成龙，你亲自跳山跳海，你亲自撞车打架，不用替身太辛苦。你学学我们好莱坞吧，我们好莱坞用电脑特效来处理所有的高难度动作，你不用替身，亲自上阵落伍了。史泰龙讲了这句话之后，成龙通过媒体回应，我成龙之所以红，就是因为我强调不用替身，亲自上阵，如果我用电脑特效拍电影，就不是成龙了，我坚决不用电脑特效。

当年成龙在最红的时候，这是他的属性，但是不知道你们有没有印象？成龙后来在好莱坞发展，拍了一些电影，什么电影呢？《80天环游世界》。据说当年票房惨得不得了。为什么有功夫之王成龙主演还会失败呢？因为成龙在好莱坞拍的这部电影里面的许多动作场面用到了特技，可是观众并不喜欢看到这样的成龙。观众之所以喜欢成龙演的电影，是因为任何动作场面，他都是亲自上阵，不用替身，无论是上山、下海、撞车、跳河，还是打架，他都是“真枪实战”。

成龙曾经有一两年时间跌到了谷底，因为拍了一大堆观众说的“烂片”，一个属性转变造成他的失败，接着怎么办？他马上意识到了，于是他马上转型，回到香港拍《新警察故事》，为什么呢？成龙当初就是靠警察故事在香港爆红的，当他再度找回原来的属性，拍警察故事，扮演一个善良的警察，亲自上阵去拼命的时候，观众又接受他了，成龙演的电影又再度票房上升，到达最佳状态。

后来，他又拍了《神话》，直到现在他的功夫之王的地位依旧稳固。所以，不要失焦，不要偏离焦点，***当一个属性成功的时候，你就要占有这个属性，这是品牌建立的核心。***

如果有一天奔驰生产奔驰牌自行车，奔驰牌婴儿车，奔驰牌越野车，奔驰牌平价车，奔驰牌面包车，奔驰牌没有屁股的小车，那结果会怎么样呢？很有可能这种延伸的策略会使他们咽下苦果。事实上奔驰好像向这样的倾向在发展了。

如果有一天奔驰这样做，做得非常彻底之后，它跟GM公司没什么两样了。跟通用汽车一样什么车都做，如果有一天你说我买了一台奔驰，正在炫耀的时候，别人说，奔驰什么呢？自行车还是平价车呢？

如果有一天劳力士做电子表，又做儿童表，有一天你说我买了劳力士，别人就会问，你的劳力士是什么东西。所以大家记住，属性是不能变化的，属性一旦变化，领导品牌地位立刻就没有了。

宝马也做小车，宝马也做便宜车，宝马的属性快要被它自己的品牌延伸，属性变化，而慢慢冲淡了。如果有一天法拉利——世界上所有男人的梦想，顶级跑车法拉利，也生产法拉利牌没有屁股的正规车，法拉利牌的商旅车，法拉利牌面包车，那么这也意味着法拉利这个品牌属性转变了。这时，很可能让兰博基尼占有世界第一品牌的位置。

精彩回顾

1. 一种特征一旦成功地为你的竞争者所拥有，便一去而不可得了。你必须转向另一种次重要的特征，并在该类产品中占有一席之地。

2. 当你放弃原有的某种属性，试图塑造另一种属性的时候，便让竞争对手有了可乘之机。

第19章
第十六条：坦诚法则

诚实是行销很重要
的建立信赖感的方法。

在课堂上，常常有学员问我：市场最好的策略是什么？

市场营销中有各种各样的策略，但要说最好的策略是什么，我想应当是诚实，也就是要坦诚。这就是本章重点要讲的坦诚法则。

承认不足，顾客会发现你的长处——在营销上坦诚自己的缺点比喋喋不休自己的优点要有价值得多，深入潜在的顾客的内心最深处的方法就是坦诚自己的缺点。当你坦诚一项缺点时，潜在顾客会主动帮你补上一个优点，讲缺点，反而让人家觉得你是有优点的，至少别人觉得你很诚实。记住，诚实是行销很重要的建立信赖感的方法。

因此，进入顾客头脑里最有效的方法之一，就是先坦诚一个缺点，再设法将这个缺点扭转为优点。

“艾维斯只是租车市场的老二。”当艾维斯打出这样的广告时，很多人感到震惊，为什么会在营销中如此坦诚？难道他们就不怕这样一说，顾客不租他们的车吗？既然是第二，为什么要租它的车呢？因为是第二，所以要比第一更努力地工作，更好地服务大众。每个人都知道艾维斯在租车业中位于第二。

首先，也是最重要的，坦诚可以使人解除戒备，你关于自己弱点的任何陈述都会立即被接受为真实。相反，你的任何自夸，则最多也只能得到人们的怀疑。广告宣传尤其如此。

对于自己长处的宣传，你必须通过证明方能使顾客接受。而承认自己的弱点，则从来无需证明。所以讲负面再转为优点最容易进入顾客脑海，明白意思了吗？

一句话：坦诚缺点，然后再转为优点。

蒙代尔当年跟里根竞选美国总统。蒙代尔50岁出头，里根年老体衰。蒙代尔在演讲的时候批评里根，说我们的美国不需要一个年老体衰的美国人治理美国，美国需要年轻活力，不需要选老年人。

里根出来对选民演讲的时候说什么？说，没错，我年纪是比较大，但我不想借由年龄比较大说明我经验丰富，以免让人看起来，我是在欺压一个没经验的小伙子。

里根的坦诚，立刻赢得了选民的支持，他的支持率立刻上升。为什么？你听到这句话——没错，我年龄是比较大，我一直不想借用我年龄比较大来证明我经验丰富，进而欺压一个没经验的毛头小伙子。

这句话告诉我们，他经验丰富，缺点转为优点，负面陈述反而变成优势。坦诚问题是少数人、少数公司才会有的行为，人们对于想要卖东西给他们的人都会心存怀疑，当你以坦诚缺点作为开场白的时候，人们会立刻敞开心胸接受你的话，卸下心里的武装。

所以负面陈述有说服力。你的负面陈述应该是人们普遍认为的缺点，这样就会立即引起共鸣，再把焦点转到正面上，坦诚的目的不是为了道歉，而是增强说服力，让顾客相信你的产品有更多的利益。

举个例子讲：我们公司前三年，很多顾客说杜老师，你的演讲很棒，但是我来你的公司上课，发现你的员工都是毛头小伙子，你的员工都是没什么能力的人。怎么办？这是大家普遍认为的，我也是这样认为。没问题，我上台主动讲，各位，我们公司用的都是一群年轻人，我们公司用的都是一些没经验的人，我们公司用的都是一些普通人，然而业绩在三四年来不断增长，为什么呢？

所以大家马上联想到我们的模式好，我们的方法好，我们不靠训练一流人才，不靠寻找一流人才，也能把公司做起来，所以大家来学习我的创业方法。大家明白我的意思吗？坦诚问题反而更有说服力。我二十一二岁到中国大陆演讲，当时很多人都说我年纪太轻，毛头小伙子，嘴上无毛，办事不牢，怎么办？我坦诚，我一上台就说，各位，我年纪非常轻，今年二十一二岁。

我想请问你们一个问题，你们要成功，是要跟失败者学还是跟成功者学呢？他们说成功者，我说成功者分两种，一种叫成功的老年人，一种叫成功的年轻人，你们跟成功的老年人学习，他只会教你慢慢成功的方法，因为他自己是花30年慢慢成功的，你想不想老了才有钱呢？他们说不想。

我说我二十一二岁就突破自己年龄条件的限制，突破年龄的障碍，出来演讲，表示我可以教你快速达成目标的方法，我把年轻缺点坦诚了，但主动再把它移到优点，代表什么？快速。

承认不足并将缺点转化成优点。***做事先做人，把自己培养成一个道德高尚的人，不管事业成功与否，最起码人生是成功的***。不断地改进自己的短处，才能不断地走向完美。需要注意的是：坦诚法则要灵活运用，否则会弄巧成拙。

上面讲到一些勇于承认不足的例子，这都是难能可贵的。可是，国内很多企业无法做到这一点。关于这点，我国不少乳制品企业就是最好的案例了。

“空壳奶粉”、“打印提前生产日期”，各种严重违规事件层出不穷；还原奶、干吃奶片、常温奶全当鲜奶卖；几乎没几家企业不把含乳饮品的“饮品”字样缩小得不能再小；某乳制品企业工厂早已遍布大江南北，却还一个劲地在叫着“我们来自大草原”。一些小企业于是干脆抛弃了诚信，某些大企业也将诚信放在了一边，比如三鹿。如果在危机到来的第一时间三鹿想到了坦诚法则并付诸行动，及时向大众承认问题，并召回产品，承担责任的话，或许它可以避免这场灭顶之灾，更不会影响到整个乳品行业。

暂时有些劣势不可怕，只要你坦率地讲出来，劣势很可能也会变成你的优势；怕的是，你一味地遮遮掩掩，甚至干脆抛弃诚信，企图瞒天过海。

那些还在诚信边缘徘徊甚至已经远离了诚信的企业，只有早日打起诚信的大旗，才可能真正地做大做强，成就百年企业；否则，迟早会遭受市场残酷的报复，最终血本无归。

精彩回顾

1. 在营销上坦诚自己的缺点比喋喋不休自己的优点有价值得多，深入潜在的顾客的内心最深处的方法就是坦诚自己的缺点。

2. 对于自己长处的宣传，你必须通过证明方能使顾客接受。而承认自己的弱点，则从来无需证明。

第20章
第十七条：单一法则

你的竞争对手只有一个最薄弱的地方，你市场的最大努力就是集中优势力量对准其处，发出致命一击。

在各种情况之下，只有单一的行动会导致重大的结果。

然而，许多市场营销人士把成功看作是大量细小而高超的努力的总体结果。他们认为可以同时选择并实施多种战略，而且只要投入足够的努力，便可以取得成功。但历史的经验告诉我们，在市场营销中起作用的是单一策略，而不是很多策略的拼凑。而且，在任何既定条件下，只有特定的某一种行动可以产生实质性的效果。

成功的战争都是寻找到敌军最意想不到的地方给予致命的一击，单一的行动导致重大的结果。在第二次世界大战中，盟军选择登陆及向德军反攻的地点是诺曼底。然后盟军就将兵力集中在这个登陆口，所有的兵力在一个点上攻击，尽力攻击。最后，从那一个地方拿下战争的胜利。

攻打敌人需要集中兵力，市场营销同样如此。大多数情况下，你的竞争对手只有一个容易攻破的薄弱环节，正是这个环节，应该成为你全力攻击的焦点。

一说到感冒药，人们自然会想到康泰克，但是在白天服用康泰克，就会让人想打瞌睡。它的竞争对手看到了康泰克这一薄弱环节，于是就生产出了另一种感冒药——白加黑。白加黑来了一个白天吃白片，不会打瞌睡，晚上吃黑片，睡得更香，白加黑完全朝竞争对手一个点——吃了会打瞌睡这一致命弱点进行打击，它并不需要很多策略很多招，结果却打赢了。哈根达斯——世界上最贵的冰淇淋，他们只打一点，他们是世界上最豪华、最奢侈、最贵的冰淇淋，吃一小球一百多块，全球都只做这个模式，他们并没有很多策略，他们一个策略做到底。接下来，我们来看看饮料业的案例。

和其正的营销战略也是这样的，它提出做人要大气，这个诉求点就是完全朝着王老吉是小瓶装的来给予攻击，结果和其正这一招大瓶装的策略填补了这一市场空白。这些都是成功的案例，但是营销界总不乏一些反面的教材。接下来我们来看看可口可乐在新领域的尝试。

可口可乐在中国瓶装茶市场上进行过六次尝试，先后推出过“天与地”茶饮料、阳光冰爽果茶、雀巢“西式冰爽茶”等，都以失败告终，最近他们又推出“原叶”系列产品，虽然耗资巨大，但前景并不好。根据单一法则，可口可乐要在茶饮料上有所作为，就要先找到竞争对手最易攻破的薄弱环节，否则一切都将是徒劳。

行销战场上跟军事战场上是一模一样的，要出其不意，攻其不备，在敌人脆弱的地方给予打击。

再看看汽车行业。在很长一段时间，汽车行业中领先者的主要优势在于中档车。依靠雪佛兰、旁蒂亚克、奥兹莫比尔、别克以及卡迪拉克这样一些车型，通用汽车公司轻而易举地回击了来自福特、克莱斯勒以及美洲汽车公司的正面进攻。

在近年中，只发生过两次对通用汽车公司的强烈进攻。两次都是对该公司的“马其诺防线”展开的侧面进攻。日本人从低档车一端送来了丰田、达特桑和本田等小型车，而德国人则从高档车一端送来了像梅赛德斯和宝马这样的豪华车。

在日本人和德国人成功的侧翼进攻下，通用汽车公司面临着投入资源以加强其高低档产品的压力。（相对于昂贵的德国进口车来说，卡迪拉克太便宜了。）

为了节约资金并保持盈利水平，通用汽车公司犯了一个致命的错误，即决定用同样的外形式样生产多种中档车。突然之间，人们再也分不清雪佛兰与旁蒂亚克，或奥兹莫比尔与别克，它们看上去都是一个模样。

正是这些看上去都一样的车削弱了通用汽车公司在中档车市场上的优势，并为福特公司突破欧洲风格的金牛座和黑貂的样式提供了机会。之后，日本人又打入了阿库拉、凌志和无限等汽车，结果日本车在美国把汽车王国美国的汽车打得落花流水，片甲不留。现在通用汽车公司成了整个汽车行业中的弱者。

每个品牌都会存在最薄弱的某个环节。战胜竞争对手最好的办法就是找到这个环节，并集中资源，对其发出重重一击。

这一法则不仅能用在军事上、商界中，还能用在娱乐圈，甚至用于各行各业。

近十年来在台湾最红的电视节目主持人是谁？吴宗宪，对吧。他刚出来主持节目时，经常被批评，说他总是嬉笑怒骂，不端庄，不正经，也有人说他不文雅，总是开黄腔，甚至还喜欢嘲笑别人等。无论主持什么节目，他就保持这种风格，也正是因为这点让他红了。别的节目主持人端庄、文雅，看起来非常有气质，看起来彬彬有礼，但是吴宗宪就在这个地方给所有人致命的一击，结果他成功了。

我们再看一位明星——王菲，她是天后级的歌星。王菲给人的印象就是酷、冷漠、个性，无论在什么场合都如此。曾经有记者询问她与窦唯的感情，王菲很有个性地说："关你什么事？"记者不甘心这样的答案，就说是代表观众采访，结果王菲还是冷冷地说，跟观众有什么关系。你看到没有，一般很少有明星会这么冷酷，这么冷漠的，如果记者惹火了王菲，她可能会拿水泼记者。接受记者采访是这样，在演唱会上也是这样。一般歌手开演唱会，上台就会很热情地对观众说我爱你们之类的话，可是王菲从来不说。在台上，她也不跳舞，不挥手，不打招呼，就唱她的歌，冷冷漠漠地唱，台下的人也说王菲我爱你，可她就是不理你，她只唱她的歌。演唱会结束时，很多歌星会对观众说，记住我，我是××。而王菲说的却是，忘记我。

这么一个冷漠、有个性、酷酷的人，却深得大家的喜爱。为什么？她就攻击这一点——酷、冷漠、个性，所有歌星的热情洋溢，都被她用这个方法进攻了。正因为这一点，她成为了销量第一的香港女歌星，还进了吉尼斯世界纪录。

因此，一定要记住：你的竞争对手只有一个最薄弱的地方，你市场的最大努力就是集中优势力量对准其处，发出致命一击。这正是市场上最有效的策略和方法。

精彩回顾

1. 你的竞争对手只有一个容易攻破的薄弱环节，正是这个环节，应该成为你全力攻击的焦点。

2. 成功的战争都是寻找到敌军最意想不到的地方给予致命的一击，单一的行动导致重大的结果，市场营销亦如此。

第21章

第十八条：不可预测法则

除非是你在为对手制订计划，否则你无法预测未来。

除非是你在为对手制订计划，否则你无法预测未来。

很多行销计划都是基于对未来的假设，然而这种假设通常会出错。市场会怎样发展，会怎样变化，是无法通过假设来得到准确答案的。这就像气象专家凭借数百台计算机和各种气象仪器能预测三天内的气象，但是却没有人能准确地预测出三天以后的天气一样，你又怎么能够预测市场三年后的走向呢？

在竞争最为激烈的家电行业，对未来的预测和判断直接影响到中国品牌的整体表现。20世纪90年代，中国企业逐步掌握了CRT彩电的核心技术，在中国CRT电视机市场中，中国彩电企业曾占据98%以上的份额，索尼、东芝等品牌的CRT产品曾一度撤出中国。但中国彩电企业都未能预料到CRT将迅速衰退，液晶显示很快成为市场主流。2005年开始，索尼、夏普、LG、三星等日韩彩电企业凭借液晶平板产品卷土重来，迅速占领了中国内地一、二线城市市场，中国家电品牌鲜有液晶面板生产能力，被迫集体退守三、四级市场。

而在新技术的发展方面，彩电企业一度普遍认为等离子大屏幕彩电将成为市场主流，于是松下、富士通、长虹等大批企业则押宝等离子技术，夏普、三星等企业则大力研发液晶夹板技术。如今，市场证明最初不被看好的液晶显示屏成为了主流。

就算你的预测是正确的，但你预料不到竞争对手的反应，这是你预测失败的主因，所以用不着对未来加以预测，而做出应对未来的计划，因为你不知道他会怎样杀出程咬金，来破坏你市场的走向。

可见，无法预测竞争者的反应，是市场营销失败的一个主要原因。当你无法预测未来的时候，你可以借助趋势来判断，这是一个利用变化取得优势的途径，比如健康食品。同时，一个已身居领先者之列的公司，必须有足够的弹性以一个新的理念来攻击自己。

IBM公司的大型商务计算机一天损失800万美元，有一天总裁说，大象也可以跳舞，我们怎么可以这么不灵活呢？我们要保持弹性，我们要跟随科技，我们要跟随互联网，我们要跟随现在个人电脑的时代做出转变。13年前，身陷囹圄的IBM重新审视数十年来业已成形的基本文化，大刀阔斧地实行“瘦身”，并凭借软件和服务咸鱼翻身，一步步把业务重心倚靠其上，最终展现出的则是“大象也能翩翩起舞”的创新者的勇气。

“我们基本上是在这样的一个假想中开展业务工作：仿佛客户所需要的东西很久以前就已经被安排好了。在这一前提下，用我们的机器服务，而并非真正地去关注行业的变化。”郭士纳在其自传《谁说大象不能跳舞》中坦言，在他进入IBM的最初时期，惊讶地发现IBM几乎就是个“颠倒过来的世界”——没有关于客户和竞争的信息，公司主要是根据自己的想象来界定市场的。“IBM的文化已经丧失了创新的动力机制”。

今天IBM仍然屹立不倒，在于它及时认识到计算机微型机的发展趋势，并不断变革着营销计划，成功地应对了不可预测的未来市场。

我们再来看一个案例。安利是直销型的公司，它在世界上向顾客承诺：第一，永远不会有店铺，他们要节省通路费用；第二，永远不打广告，他们要把广告费回馈给直销商和顾客。这两项郑重的承诺，向全世界诠释了几十年。可是当它试图用这种模式打开中国市场时，却遭到了挑战。

但是现在安利在中国有了店面，安利在中国又请明星打广告，这两项最大的承诺，在中国全部被改变，被推翻了，为什么呢？因为很多人都对喋喋不休的推销员，以及“来无影去无踪”的销售方式较为排斥。另外，当时政府正在大力打击传销，而以直销著称的安利也未能幸免。面对这种情况，安利在中国不得不对其营销计划做出调整和改变。最后，店铺和广告的出现，让顾客感觉买安利的产品放心了，安利的形象也随之深入人心。

不可预测法则告诉我们，要保持弹性，否则进不了中国市场。

没有人能对未来做出准确的预测，营销计划也不要试图做到这一点，否则将为此付出惨痛的代价。但一个公司必须具有用新理念向自己挑战的胆量和灵活性，因为这是应付不可预测的未来市场的唯一方法。

精彩回顾

1. 无法预测竞争者的反应，是市场营销失败的一个主要原因。

2. 及时认识到你所在行业的市场发展趋势，并不断变革营销计划，是成功应对不可预测的未来市场的有效方法。

1

第22章

第十九条：成功法则

自大是成功进行
市场营销的大敌。

成功会导致自大，自大会导致灭亡，成功是失败之母，越成功越容易失败。

自大是成功进行市场营销的大敌。

我们需要的是实事求是。

人们在取得成功之时，往往会变得较为主观，他们往往以自己的判断来代替市场需求。

巨人集团，曾经是一个红遍全国的知名企业，不到两年时间销售额就达到近4亿元，同样不到四年时间就如同泡沫般破裂了，为商界提供了避免类似个案再次重演的样板。巨人集团，其兴速其败也速，说明了人们如何被以往的胜利而冲昏头脑，又如何经过耻辱而变得清醒起来。人们在被胜利冲昏头脑之时，必然难以集中精力做好重点工作。在“脑黄金”等产品赢得大成功后，巨人集团迅速扩张到多个领域，并未考虑到这些领域是否与其网络产业相关，是否是他们熟悉的。结果可想而知。

在巨人集团轰然倒下来后，史玉柱也承认了他在这个问题上的失误，他说：“1995年我们的‘脑黄金’取得成功，后期产品不应该跟得太快太多……现在看来一个企业要有个性，不一定要搞得多元化，美国的企业大多在专业领域内扩张。”“多元化搞不好就害死人。”

大部分国内知名企业都经历了盲目扩张、多元发展然后陷入困境这一几乎必然的过程。从联想、海尔、TCL、长虹等各个企业身上都可以看到“成功法则”的影子，它们自信可以在市场中做任何自己想做的事情。成功导致了失败。

打破“成功法则”的宿命或许是中国企业面临的最大挑战。

成功往往是导致草率实行商标扩展政策的决定因素。当一个品牌获得成功后，公司会认为牌子是导致成功的最主要原因，所以他们便急切地给其他产品也都冠以同样的名字。

事实正好相反。使产品出名的并不是它的牌子（尽管一个不好的名字可能会妨碍一个产品的出名）。牌子的出名是由于你实施了正确的营销计划。换句话说：你采取了与市场营销的基本法则相一致的措施；你首先闯入用户的心中；你专注于重点产品；你抢先拥有了有利的产品特征。成功会加重你的自大，这促使你将自己的知名品牌用到其他产品上。其结果是近期的成功与长远的失败。正如巨人集团的案例所显示的那样。你越相信自己的商标或公司的名字，就越容易掉进商标扩展的陷阱。

实际上，自大本可以是有益的，它可以是公司业务发展中的一个有效的推动力量。问题出在你将自负的心理注入到市场营销的过程之中。出色的营销人员可以做到像用户一样思考问题，他们可以将自己放在用户的位置上，他们不将自己对现实的看法强加在具体的营销场合（要记住，世界的确是由各种观念构成的，然而在市场营销中，只有用户的观念才是起作用的和值得考虑的）。

自大往往是成功企业的滑铁卢，最终会导致失败，而对于中小企业来说，往往是输不起的，一个重大的失误就很少再有翻盘的机会。强如IBM这样的大企业，曾经就是因为傲慢而错过一个又一个机会，使这个组织曾经庞大到超过一个国家，一点风吹草动便能影响世界经济格局的蓝色巨人变得虚弱不堪，其中一个最为重大的失误就是变相地培养了微软与英特尔。从1987年起，严重的官僚作风、傲慢自大的态度导致一系列的错误决策，致使IBM开始出现持续亏损。1991—1993年，IBM连续的亏损额高达168亿美元，创下了美国企业史上第二高的亏损纪录。它那个雄踞30年的产业霸主宝座，也不得不无奈地让给了自己曾经不屑一顾的微软公司。像IBM一样，发展壮大后变得傲慢的企业有很多，但是发端几乎都是企业领军者，而后放大到了整个组织。

再看一下给我们带来微型机的数据设备公司（DEC）。这家公司从零开始，取得了巨大的成功，成为价值140亿美元的公司。

公司越大，其高级管理者便越容易脱离市场营销的实际。这或许是影响公司发展的一个最主要的因素。

所以建议你不要用自我的眼光去思考，你会有误区，你会偏离方向。要以顾客的角度思考，站在顾客的角度想问题，所以身为老板，你要收集市场上第一线的资讯，避免员工报喜不报忧。老板再忙也要亲自做行销，这个事情太重要了，关涉到市场的把握。在本章的最后，我们可以提供一些方法，帮助管理者把握市场信息。

如果你是工作繁忙的公司总经理，你将如何搜集反映现实情况的客观信息呢？你又将如何克服中层管理人员只向你讲顺耳话的倾向呢？你如何才能保证既能听到好消息，又能听到坏消息呢？

一种可行的办法就是微服私访。这尤其适合于调查了解经销商或零售商这一层次的情况。在很多方面，这与一个国王装扮成普通老百姓混到民众间体察民情非常相似。其目的在于：得到民众对于现实情况的真实看法。

市场营销的责任过于重要，因此决不能将其转交给下属。如果你要下放什么权力的话，你应当将下一轮集资活动的领导权下放。此外，应尽量减少会议。应当用实地调查代替会议讨论。

小公司的领导人比大公司的领导人在思想上更接近实际，这也许正是小公司在过去10年中的发展快于大公司的原因之一。它们还没有受到骄兵必败法则的支配。

精彩回顾

1. 人们在取得成功之时，往往会变得较为主观，他们往往以自己的判断来代替市场需求。

2. 自大往往是成功企业的滑铁卢。

第23章

第二十条：失败法则

如果失败是不可避免的，那么及时撤退可以起到亡羊补牢的效果。

失败法则告诉我们，失败是可以预料的，在合理的范围内也是可以接受的。面对失败的较好战略就是尽早意识到它。

如果失败是不可避免的，那么及时撤退可以起到亡羊补牢的效果。2002年，联想集团在厦门成立了联想移动公司。但联想移动手机业务在联想集团所占比重在近两年持续降低，截至2007—2008年第三财季，联想的手机业务比例已降至2.35%。而联想集团主要业务——台式机业务和笔记本业务，分别占40.14%和55.89%。之后公司以1亿美金的价格向四家投资集团出售其手机业务。而出售手机业务有助于联想贯彻其长期策略发展重心，使集团及管理层可以专注发展其核心个人电脑业务。

因业绩不佳，创维集团以1元人民币和1元港币的象征性价格，将旗下手机业务80%的股份售出，退出手机市场。“创维出售手机业务，是基于不想让手机亏损消耗集团大量资金的考虑。”创维集团品牌总监沈健表示，“毕竟彩电是创维的主业，集团希望集中力量做大主业。”无论是联想还是创维，撤退的消息宣布之后，股市都以大幅反弹作为回应，证明了及时放弃属于重大利好已成为共识。

但是有很多中国的公司无法接受失败，也无法去开拓可能失败的营销战略，是因为它往往与个人利益相关。在这方面我们应学习日本公司的管理方式。它们的集体管理方式可以排除掉“自尊”的观念。由于参与决策的人数众多，即便对于重大的决策，分摊到每个决策人身上的责任也已很小，这已不会招致足以毁掉其个人前程的耻辱。换句话说，承认“我们都错了”比承认“我错了”要轻松得多。这一“去掉自尊”的管理决策方式是使日本人成为强有力的营销竞争者的一个重要原因。日本人不是不犯错误，而是在犯了错误之后，能够承认错误，修正错误，进而继续前进。

再来看沃尔玛的例子。沃尔玛有另外一种方式来应对错误的发生，那就是沃尔顿所说的“Ready，Fire and Aim”（“准备、开火、瞄准”）方法。人们不会因为犯一个错误而受到处罚。正像沃尔玛的首席执行官在《商业周刊》中所说的：“如果你能够学习并掌握一些东西，你就会因此而获得回报。我们应该处罚的是那些重复犯同样错误的人。”

在一些美国公司中，任何一项举措，如果不是对某个高层领导者个人有利的话，就不会被推行。这严重地限制了很多潜在的有利的营销措施的实施。一项建议被拒绝，往往不是由于这项建议本身有问题，而是由于没有任何一位高层领导人会从这一建议的成功中得到个人好处。

消除这种“个人第一”因素的方法之一，是将其公开化。3M 公司利用“提倡者”系统公开确认出会从某一新产品或某一新项目的成功中受益的个人。

3M公司成功地推出了Post-itNotes 产品的事例说明了这一系统是如何工作的。阿特·弗赖伊是3M 公司中开发Post-itNotes这一新产品的科学家。该项产品历经近十年的努力才被投入市场。如果采用了3M 公司的这一系统，从理论上讲，这一理想的环境将使管理者们能够根据某一新概念的价值，而不是它对哪个人有利来对其进行评价。

如果一个公司希望始终以理想的方式发展，它就必须拥有团队组织、睿智的人才和敢于牺牲的领导者。这一法则能够使人想起Patton和他的军队的事情。在历史上，没有哪一支部队能够做到战场如此辽阔，俘虏如此多人，并且时间如此之短。不幸的是Patton被Eisenhower开除了。

精彩回顾

1. 失败是可以预料的，在合理的范围内也是可以接受的。面对失败的较好的战略就是尽早意识到它。

2. 一项建议被拒绝，往往不是由于这项建议本身有问题，而是由于没有任何一位高层领导人会从这一建议的成功中得到个人好处。

1

第24章
第二十一条：加速法则

成功的营销计划不以时尚为依据，而以趋势为基础。

加速法则，也叫趋势法则。它指的是成功的营销计划不以时尚为依据，而以趋势为基础。

成功的营销并不是建立在一时的热潮之上，而是建立在长期的趋势之上的。热潮是看得见的，爆炸式成长的，但是它来得快，衰退得也快。而趋势则是表面上让人看不出变化的，它一点一点地蓄积力量，但其力量将在长时期内持久存在。

热潮是一种可能被用来获利的短期现象，但由于它不能维持长久，因而不会对企业有多大好处。而且，公司常常错把热潮当作趋势而盲目发展。这样的结果是怎么样的呢？是公司往往充斥着多余的人员、贵重设备和销售网络。对于这一点，健力宝“第五季”就是最好的说明了。健力宝推出的“第五季”饮料正是希望通过时尚和潮流来推动品牌的成长，该品牌涵盖了可乐、茶饮料、纯净水、果汁等品类，口号为“现在流行第五季”。在一阵风潮之后，“第五季”几乎一无所剩。

事实上，在市场中像这种因追求热潮而消亡的行业和企业，举不胜举。1996年，一位名叫玛嘉烈的人与其丈夫离婚后，将其在澳门经营多年的葡挞店引进到其他地方。在玛嘉烈的努力下，她在香港和台湾与当地投资者合作，开设了分店，结果在当地卷起了一阵葡挞旋风。当时，在台湾很多人看到这股热潮，也投入其中。一夜间，满街都是开葡式蛋挞店的。可是在一个月内，不知多少家葡式蛋挞店一下子全部倒闭。记得当年，珍珠奶茶那股热潮一吹过来，大街小巷都有人卖起了珍珠奶茶，可是没多久，很多都倒了。这些都是表面上看起来像趋势的东西，但其实只是一股热潮而已。一窝蜂的结果就是死光。

接下来，我们再举一个营销界的经典案例来进一步说明这个法则，以便大家更深入地把握这一法则，不要走这样的弯路。

科尔可工业公司是开发卡比其娃娃的。那些亲切可爱的娃娃于1983 年轰动了市场，并越来越走红。科尔可的战略是尽可能多地从这些娃娃身上榨取利润。

于是成百种卡比其玩具充斥了市场：钢笔、铅笔、彩色铅笔盒、游戏器具，以及服装等。两年之后，科尔可的销售额达到7.76亿美元，利润达到8300万美元。之后，卡比其娃娃便一落千丈。到1988 年，科尔可受到了本书第十二条法则（长远观点）的惩罚。

科尔可消失了，但这种娃娃还在。1989年，该公司被哈斯布罗接收后，这种娃娃以相当传统的方式被经营着。目前其市场状况良好。

这里存在着一个矛盾。如果你面对一个快速发展着的事物，它是一种典型的时尚，那么你的最佳选择，则不是去推波助澜，而应当是减弱这一波浪。通过这样做，你可以将波浪展平，从而使它更像一股潮流。

在玩具业我们可以看到这种现象。一些玩具制造商试图用其最走红玩具的商标给其他所有玩具命名。其结果是，将所有这些商品组成一个巨大的波浪，而这一波浪又注定要迅速消失。当每个人都有了一个忍者神龟后，将没有人会再去买它。

忍者神龟的经历是一个由于其主人过于贪婪而使一种时尚迅速消退的很好的例子。神龟的主人更热衷于推波助澜而不是延缓它。

相反，芭比娃娃则成为一种趋势。自几年前芭比被发明以来，这一商标从未被大规模地用于其他商品。因此，在玩具市场中，芭比娃娃成为一种长期趋势。

要想办法把你的行销计划市场需求延长，延长顾客的需求，如果要让它变成趋势长长久久，就要预防它变成热潮。

如果你的事业持续上升，需求量持续壮大，而且有一窝蜂热潮的特质，你要降温才能使热度削减，才能使热度的时间拉长，变成一个趋势。

成功的艺人懂得这个道理，他们会控制自己亮相、出场的次数，不处处露脸，这样才不会把自己受欢迎的程度磨光。

如果你打开电视就看到他，今天是他，明天又是他，隔一段时间还是他，这样的艺人很容易把自己消耗光。真正长期走红的艺人，他们会控制自己在观众面前曝光的次数。周润发红的时间够长吧，但他并没有经常上电视。维系人们对你的产品长期有需求的方法之一，就是不要长期满足需求，控制你的供给，永远让需求大于供给，你将维持这样的需求。过多的供应会造成需求的下降。

所以加速推动一个热潮反倒会造成失败，***行销最好的办法就是搭上长期趋势的热潮，让趋势带着你成功，而不是一时的一窝蜂，让你起得快，落得也快。***

精彩回顾

1. 热潮是一种可能被用来获利的短期现象，但由于它不能维持长久，因而不会对企业有多大好处。

2. 要想办法把你的行销计划市场需求延长，延长顾客的需求，让它变成趋势长长久久，就要预防它变成热潮。

1

第25章
第二十二条：资源法则

市场营销是一场争夺顾客认知的战争，你需要运用资金使你的想法进入潜在顾客的心中，一旦进入，你也需要使你的想法持续留在顾客的心中。

资源法则这个概念是由美国当代营销大师阿尔·里斯与杰克·特劳特提出的，而在今天，“资源法则”这一定律被广泛运用到营销中，同时也创造了许多美谈。

资源是成功的基础条件。在生活中，大部分资源以物质形态出现，如金钱以及其他所有能看得见的财产；还有一些资源以非物质形态出现，如知识、技能、思想、精神、理念以及自身的素质等；还有的资源介于两者之间，如人际关系、父母的传承或特殊的机遇等等。假如一个人的月收入是100块，那就表明他所拥有的资源在100块的水平上；假如一个人的月薪是1万块，那就表明他所拥有的资源处在1万块的水平，包括能力、朋友圈子以及知识等。资源越使用，增值越快。比如说朋友资源，越爱结交朋友的人，朋友就会越多，结交新朋友的机会也越大，成功的机会也越多。

如果没有足够的资源，你很难大展身手；如果你有很好的创意，看完这本书之后，你认为你也能发明一个非常棒的行销模式，然后你就可以成功，那你就大错特错。世界上再好的想法，再好的创意，如果没有资金的支持，一切都是空想。

就算是世界上最好的想法，如果没有启动资金，它也不会成为现实。发明家、企业家、各种点子的创造者好像都认为，他们所有的好想法都只需要专业的市场营销的帮助。

再也没有比这种想法更偏离实际的了。市场营销是一场争夺顾客认知的战争，你需要资金使你的想法进入潜在顾客的心中，一旦进入，你也需要使你的想法持续留在顾客的心中。史蒂夫·乔布斯和史蒂夫·沃兹尼亚克有伟大的想法。然而却是迈克·马库拉的91000美元使苹果计算机名扬全球。

没有资金，好主意将一文不值。也许并不完全如此，但你必须去想办法找到资金，而不是仅仅依靠市场营销。随后，市场营销才会起作用。

如何使市场第一成为心智第一？充分的资源是必需的。国内企业界流传的“万燕悖论”——先驱者往往成为先烈，从某种意义上正是说明了资源的重要性。万燕发明了VCD，但是爱多和步步高却通过强大的广告传播率先占据了顾客心智，最终，万燕只能以失败收场。因此，对于创业家而言，找到好的战略与找到足够的钱同样重要。

请记住：没有资金支持的想法是毫无价值的，要准备好融资，而放弃很多东西。

在市场营销中，富人常会变得更富有，因为他们拥有使他们的想法深入顾客心智的资源。他们的问题在于，要分清好想法与坏想法，并且避免将钱花在太多的产品和计划上。

竞争是激烈的。大公司在它们的品牌上投入了许多资金。国内洗化领域的领导者宝洁公司深谙资源法则的重要性。宝洁一直是国内最大的广告主，每年有多达16亿元的广告预算，每一个新产品的推出都有庞大的预算提供有力的支持。而通用汽车公司每年也要花15亿美元在广告上。

当然，在投入大量广告费的同时，要充分利用社会资源，才能让广告产生最大的效益。

社会资源的力量无限大，大到可以让一个普通人一夜成名，也能让一个企业日进万金，关键就在于，你如何去寻找属于自己品牌的资源，并把它引爆。

蒙牛酸酸乳可以说是抢占资源的高手，2005年，仅凭借“超级女声”这一个资源，就迅速实现了从7亿元飙升至25亿元的销售额；蒙牛借助神舟五号，同样演绎了一出精彩的“航天员专用牛奶”的大戏。

在中国，创造奇迹的机会越来越少。当我们发现一个优质资源时，我们唯有像万宝路抢占牛仔，像大红鹰抢占“胜利之鹰”，像红金龙抢占“太空人”，像伊利和蒙牛抢占“内蒙大草原”一样，在顾客心智当中设定一个品牌按钮，并充分地利用相应的顾客心智资源获得市场竞争优势。

对于非消费品，如技术或者商用产品，由于潜在顾客有限，广告宣传的花费也比较便宜，因而不必在营销方面花费过多。但仍需要足够的资金来印刷宣传小册子，进行产品演示，参加产品展销会，以及进行广告宣传。

我们都知道资金的重要性，那么对于有好想法，但缺乏资金的人，应该怎么办？对于这方面的困惑，世界顶级行销大师阿尔·里斯给出了四个行之有效的融资捷径，帮你快速聚集财富：

第一，你可以跟有钱人结婚。中国女人邓文迪跟默多克结婚，这样有钱够快了，400多亿美元。

第二，你可以跟有钱的配偶离婚。《利尔》的创始人弗朗西·利尔将其离婚所得的1.12亿美元中的2500万美元创办了这份杂志。该杂志发行第五期，就拥有了35万名读者。

第三，你可以向你父母要钱。

第四，你可以授权他人来“分享”你的想法。如果三个都不行的话，那就要学习一个商业模式，授权给别人，连锁加盟，让别人的钱付给你，你把创意分享给他，把模式分享给他，迅速累积资金之后，大家一起来分享这个成果。达美乐薄饼的创意就是，一通电话30分钟内保证送到，比Pizza Hut更吸引人的原因在于，Pizza Hut要上门吃，达美乐打一个电话就送来，30分钟保证送到，否则免费。它在各地只需要有一个站点，不需要有够大的面积，省了房租。不需要客人在里面吃，外送薄饼就可以了，连锁加盟，加盟费也收到了，事业也扩大出去了，市场也拓展出去了，大家来分享这个利润。

资金使得营销世界不停地运转。今天，如果你想获得成功，就必须找到所需资金，使营销轮转动起来。

如果没有资金，即便是世界上最好的创意也毫无用处。市场是在人们头脑中进行的竞争游戏。你需要资金来使你的想法进入人们的头脑，你还需要资金来使你的想法根植在人们的头脑中。所以，你需要做的是，利用你的想法获得资金，而不是纯粹地凭借市场的帮助。

精彩回顾

1. 社会资源的力量无限大，大到可以让一个普通人一夜成名，也能让一个企业日进万金，关键就在于，你如何去寻找属于自己品牌的资源，并把它引爆。

2. 资金使得营销世界不停地运转。今天，如果你想获得成功，就必须找到所需资金，使营销轮转动起来。

第三篇

品牌管理

1

第26章 什么是品牌管理

对于一个企业而言，创造出一个品牌并不难，难的是在品牌创立之初就想到要做百年品牌，在品牌已经打造出来后还能设法将其保持、巩固下来，并继续发展下去。

创建品牌并非一日之功，它是一个长期、持续的过程，而不是像许多人想象的那样大张旗鼓、轰轰烈烈，也不是简单得仅靠巨额广告费的投入就可完成。它需要不菲的投资，企业创建名牌要进行系统策划，制订名牌创建系列方案，聘请专业咨询机构为企业策划有针对性的名牌创建方案。显然，一个品牌的孕育、成长，到成熟、扩张，倾注了企业的大量资金和心血，而品牌管理则贯穿这其中的每一个环节，其中任何一个环节管理不到位，就会导致全盘皆输的惨局。因此，如何管理好一个品牌，也就成了企业创建品牌后的必修课。在做好品牌管理这门“功课”前，我们先要了解一下什么是品牌管理。

品牌管理，是对品牌的全过程进行有机的管理，以使品牌运营在整个企业运营中起到良好驱动作用，不断提高企业的核心价值和品牌资产，为企业造就百年金字招牌打下基础。对于一个企业而言，创造出一个品牌并不难，难的是在品牌创立之初就想到要做百年品牌，在品牌已经打造出来后还能设法将其保持、巩固下来，并继续发展下去。要突破这个难关，最重要的就是品牌管理。

很多令国人曾经为之骄傲过的本土品牌为什么总是昙花一现？为什么企业内部一次简单的人事变动，就足以引发市场的动荡，让顾客对品牌的信心大跌？为什么产品的销量总要靠巨额的广告来拉动，广告一停，销售额就直线回落？为什么媒体的一篇简单的负面报道就可以让一个品牌、一家企业遭受灭顶之灾呢？

究其原因，最关键的因素在于缺乏品牌管理。好的品牌管理，对于产品参与市场竞争并获胜有着至关重要的意义。

首先，一个好的品牌本身即具有识别商品的功能，为广告宣传等促销活动提供了基础，对顾客购买商品起着导向作用。尽管产品生产的技术和设计极易被模仿，但多年的行销活动以及使用产品的经验在顾客心中所留下的印象是难以复制的。例如佳洁士、可口可乐等品牌，是伴随着顾客成长起来的。从这个意义上说，一个好的品牌实际上就是一种竞争优势。

其次，品牌还有法律保护的商标专用权，能有力遏制不法竞争者对本企业产品市场的侵蚀。

再次，管理好品牌会使商标赢得好的声誉，有利于新产品进入市场。

最后，名牌商品对顾客具有更强的吸引力，有利于提高市场占有率。品牌能“发射”高质量产品的信息，从而便于满意的顾客轻而易举地再次选择这种产品。这个品牌忠诚度能为企业的需求提供预期性和安全性，形成壁垒，使得竞争对手难以进入这个市场。

品牌是企业参与竞争的无形资本，所以企业想要在竞争中取胜，必然要精心维护品牌的商誉。

在未来，没有品牌的产品或服务是很难有长久生存的空间的。***只有成功的品牌管理才会有持续成长的企业和未来的辉煌***。为此，我们提出如下品牌管理之道：

第一，勾画出品牌的理性因素。

首先把品牌现有的可以用事实和数字勾画出的，看得见摸得着的人力、物力、财力找出来，然后根据目标再描绘出需要增加哪些人力、物力和财力才可以使品牌的精髓部分变得充实。

第二，掌握品牌的感性因素。

由于品牌和人一样，除了有躯体和四肢外还有思想和感觉，所以我们在了解现有品牌的核心时，必须了解它的文化渊源、社会责任、顾客的心理因素和情绪因素，并将感情因素考虑在内。根据要实现的目标，重新定位品牌的核心，并将需要增加的感性因素一一列出来。很多企业花很多钱做广告，包括利用名人效应，都做得很好很到位，用广告和名人几乎一夜之间打出知名度，但是，它们没有对技术、产品质量和顾客感情作出投入，去提高顾客的忠诚度，结果到最后依旧是昙花一现。

第三，找到品牌与众不同的求异战略。

人们喜欢吃麦当劳，不是因为它是“垃圾食物”，而是它带给儿童和成年人的一份安宁和快乐的感受。人们喜欢去迪士尼乐园并不是因为它是简单的游乐场所，而是人们可以在那里找到童年的梦想和乐趣。所以品牌不是产品和服务本身，而是它留给人们的想象和感觉。品牌的灵魂就代表了这样的感觉和感受。

第四，品牌的培育、保护及长期爱护。

品牌形成容易，但维持是个很艰难的过程。没有很好的品牌关怀战略，品牌是无法成长的。很多品牌只靠花掉大量的资金做广告来增加客户资源，但由于不知道品牌管理的科学过程，在有了知名度后，不再关注客户需求的变化，不能提供承诺的一流服务，失望的客户只有无奈地选择新的品牌，致使花了大把的钱得到的品牌效应昙花一现。所以，品牌管理的重点是品牌的维持。

总之，品牌管理是品牌规划的具体承载和落实，缺乏目标的品牌管理非常容易走入故步自封或盲目扩张的歧途。管理品牌是一门大生意、大资产，但品牌管理目前还处于初级阶段。真正意义上的品牌战略管理需要全面整合企业经营资源，系统地开辟新的业务范围，创建市场竞争优势。

精彩回顾

1. 品牌是企业参与竞争的无形资本，所以企业想要在竞争中取胜，必然要精心维护品牌的商誉。

2. 品牌管理是品牌规划的具体承载和落实，缺乏目标的品牌管理非常容易走入故步自封或盲目扩张的歧途。

第27章
如何长期维系品牌资产

品牌资产是企业的一种最有价值的长期投资。

品牌时代的到来，使得“品牌”一词的使用频次骤增。有的公司认为，品牌是为企业创造持续、稳定、独有的有形和无形利益的竞争手段，是企业通过产品、服务与顾客建立的，需要企业主动追求和维护的一种关系。品牌在市场上的良好销售表现及与顾客建立起的一种较稳定的关系，便逐渐积累为品牌资产。品牌资产是企业的一种最有价值的长期投资。

品牌资产是20世纪80年代出现的最流行和最有潜在价值的行销概念之一。但是不同的目的使这个概念有了各种不同的定义。尽管人们对品牌资产的看法不同，但大多数人都认为品牌资产应该是品牌所具有的独特的市场影响力。

什么是品牌资产呢？品牌资产一般有广义和狭义之分。

狭义的品牌资产，是确定品牌的财务价值，然后应用到日常经营和重大投融资中的工作，具体包括品牌价值审计、内部有偿使用和外部有偿使用。

广义的品牌资产是品牌的实现途径，也就是说，通过这些途径，可以让顾客认知一个独特的品牌，比如产品质量——中国移动的网络覆盖率，顾客形象——奔驰车的主人等。

营销大师凯文·凯勒认为在企业全球化浪潮中，建立强势品牌的关键是建立品牌资产，并且建立长期测量与管理品牌资产的机制。

面对我国企业所面临的全球化挑战以及应有的品牌策略，凯勒认为，在谈到品牌策略前，必须先理清品牌资产的状态。品牌资产应该是“可单独归因于品牌所达成的营销效益”。换句话说，一项产品或服务的营销活动，由于顾客对于品牌辨识度的高低差异，而得到不同的成效，这就是品牌资产。

凯勒认为打造成功的全球性品牌的关键在于，企业必须在每一个市场都建立起品牌资产，同时也必须长期测量和管理品牌资产。几乎所有顶尖的企业都认同这个事实。

凯勒提到，如果要打造强势品牌，首先必须在顾客心目中建立起强烈和独特的品牌联想。企业必须确保顾客在购买或使用其产品和服务时得到特殊且正面的体验。

其次，企业在打造品牌时，必须具备一些有关市场判断、侦测和研究的知识和技能，如此才能针对顾客和竞争对手进行精准的洞察。此外，创造力也是条件之一，它有助于找寻全新和原创的方法，以满足顾客的需求。

最后，在进行任何一种营销活动时，善于将资源进行最适当的分配，将是企业非常珍贵的商业技能。广告和营销在建立品牌上固然扮演要角，但绝不是全部。

凯特曾经在英特尔、迪士尼、耐克和星巴克等知名企业担任品牌顾问，凯勒说："通常我提供独立的观点和意见，协助企业将事情简化，在很多情况下，企业和营销人员可能会被工作和所面临挑战的复杂性给击垮，我通常是帮助他们理清架构，并且找出聚焦点，好让手边的任务更为清晰明白。"

凯勒认为，所有品牌都必须持续地向前迈进，亦即不断地创新和建立与读者的关联性，但是切记要朝着对的方向。

例如，星巴克是一家擅长于提供优质产品、服务以及满足顾客渴望的公司。如果企业都能效法该公司的做法，媒体就会报道，顾客也会主动谈论。正面的口碑和公关是建立品牌时非常有力而且成本低廉的方式。

凯勒认为，***品牌营销人员在建立品牌时，应该具有创造力，并且在设计和执行营销计划时表现得有纪律***。他们必须具备敏锐的观察力，喜欢研究顾客和竞争对手，同时还必须能够站在顾客的立场来看事情，确保公司能够听到顾客的声音。

最后，他们还必须和公司的其他部门合作共事，如此才有助于解决他们在营销时所碰到的物流、财务、法令规范及其他难题。

在研拟营销计划时，应该体认到顾客所扮演的角色是潜在且积极的参与者。但是，也有许多顾客对于扮演这样的角色其实是不感兴趣的，在互动或响应上也比较消极被动。因此，如何恰如其分、审慎对待顾客，也是很重要的。

凯勒指出，企业能够实行的做法之一，就是针对那些确实想要参与其中的顾客，建立起品牌社群，进而培养他们对于品牌热切且积极的忠诚度。换句话说，聪明的企业会设法适度地让顾客参与其品牌建立。

所有品牌都必须专精于创新、创造与顾客的联结，不这么做将会导致严重落后。对中国企业来说，须专注于创新、适度让顾客参与品牌的建立，并创造关联性经营社群，这是成功经营全球化品牌的关键所在。

精彩回顾

1. 企业在打造品牌时，必须具备一些有关市场判断、侦测和研究的知识和技能，如此才能针对顾客和竞争对手进行精准的洞察。

2. 企业必须在每一个市场都建立起品牌资产，同时也必须长期测量和管理品牌资产。

1

第28章
品牌化的挑战与机遇

在产业品牌化和品牌产业化的浪潮下，品牌成为改变产业格局和生活方式的主导力量，也成为企业最有价值的核心资产。

改革开放30年，中国经济社会出现了不少可歌可泣的品牌事件、品牌人物、品牌故事，也创造了不少令国人骄傲的品牌，比如联想、海尔、王老吉等。这些品牌的力量对中国营销世界产生了深远的影响，并随着经济的全球化，影响日渐深化。***“没有品牌的竞争是无力的竞争，没有品牌的市场是脆弱的市场，没有品牌的企业是危险的企业。”***在产业品牌化和品牌产业化的浪潮下，品牌成为改变产业格局和生活方式的主导力量，也成为企业最有价值的核心资产。

这一切让越来越多的企业开始关注“品牌”这一有力的“营销武器”。

如今，虽然品牌对于顾客、企业而言仍然很重要，但是品牌管理可能比以前更难。近年来的一些发展使行销实战变得更为复杂化，所以对于在创建品牌和维护品牌的企业来说，将会面临着各种各样的机遇和挑战。

那么在品牌浪潮席卷之下，中国企业会有哪些机遇？对于各行业来说，对于那些想打造品牌的企业来说，机遇和挑战是并存的。我个人认为，就中国目前的情况，在两个领域最有潜力和希望创造品牌。

第一是制造业。对于制造业来说，重要的是对产品的创新、专利技术的掌控、合适的市场切入点以及合理的品牌模式。比如联想收购IBM笔记本电脑业务，就有机会在全球IT产业中的电脑领域形成一个主导品牌。再如，吉利收购沃尔沃，同样有希望在汽车行业打造一个强势品牌。

第二是拥有品牌资产的企业。对于拥有品牌资产的企业而言，必须坚持以顾客为起点，并以顾客为终点的经营原则，通过不断创造品牌体验，实现并放大品牌资产价值。事实上，恒源祥品牌战略就是通过建立一个品牌化组织，用虚拟整合的方式在“恒源祥”之后创造出更多的品牌。

除了这两个领域比较有希望打造出强势品牌外，其他领域也是大有潜力的。比如，饮料行业的王老吉，其销售额就超过可口可乐在中国的销售额，成为了饮料业的一匹黑马。这里就不再列举相关的案例，大家可以根据自己所在的行业去思考。

企业要想获得长久的、持续的增长与成功，创建强势品牌就是必然之选。如果我们不这么做，我们将会失去全球市场，也将会失去中国市场，因为中国最高端的顾客、中层顾客都不断地在买外国品牌，如果中国品牌不能走到高端，不能变成全球品牌，我们在中国的市场也将失去。举个例子，化妆品市场，中国品牌占整个化妆品市场60%的销售，但是利润却只占20%左右，也就是说，外国品牌占的份额相当低但是利润多，那么中国品牌就被逼到一个角落，就是低利润的角落，那么这个品牌就没有前途了，这是我们要面对的问题。

上面，我们谈了品牌全球化给各行业带来的机遇，凡事都是有利有弊。既然品牌给各行业带来了机遇，当然也就不乏挑战。而挑战来自以下几个方面：

第一，精明的顾客。

渐渐地，顾客和企业对行销及其运作越来越熟悉，要求也越来越苛刻。媒体市场也更加关注企业的行销活动和动机。在这个后现代行销的世界，许多人都相信，采用传统的传播方式比以往更难说服顾客。正如一位行销人士说的那样，20世纪五六十年代在广告上的投入如今仍有回报。30年前的“万宝路男人”的广告至今在全球仍发挥着作用。50年代，大做一番广告是很便宜的，而现在要重现那种情形是不可能的。以前的市场对广告也有较大的接受程度，而现在更多的是一种见多识广、见怪不怪的态度。人们变得不那么容易相信在电视、媒体上所见到的一切了。

以往可能是谁更被欣赏，谁就会胜出；现在则是谁更受喜爱，谁就会胜出。如果我不喜欢你，我才懒得理你。企业应该超越品牌来创立“信任标签”——将企业与顾客的向往进行情感捆绑的名称和符号——并最终使其成为“喜爱标签”。这样才有可能获得顾客的青睐。

而对于在中国创品牌来说，关键要看顾客是否对中国的企业有信心，对中国的创新能力的信心，决定是否能用自己的行动来支持中国品牌的发展和壮大。这一点还需要时间。

第二，品牌扩散。

品牌化的环境中另一个重要的变化就是新品牌和新产品的不断涌现。在某种程度上，这是由产品和品牌的延伸而造成的。结果，一种品牌名称现在可能被用在许多种彼此之间有一定相似性的产品上。如可口可乐、宝洁等品牌，在近些年已经在品牌伞下增加了许多新的产品。很少有单一产品的品牌，因为这会使行销者面临更加复杂的决策。

第三，企业家的信仰和创造品牌的信念与信心。

因为我始终认为决定品牌命运的应当是企业家和顾客，而不是创意人、策划人和广告人。企业家只有从战略高度来确定品牌发展方向，从顾客角度设计品牌产品和服务，从组织角度来保证品牌经营能力，才有可能创造出真正意义上的品牌。

第四，竞争的加剧。

在市场中，我们常常看到各种促销活动或者折扣商品，这一切说明市场竞争变得更加激烈，供求关系已使竞争强度增加。为什么会频频出现这种价格战争呢？从需求方面看，消费者对许多产品和服务的消费已进入成熟或衰退期。结果，企业只能通过夺取竞争品牌的市场份额来实现自身品牌产品销量的增长。从供给方面来看，新竞争对手由于以下原因不断出现——

低价竞争者：来自同类产品、自有品牌和市场领导品牌的低价复制产品的市场渗透，进一步在全球范围内加剧。它们主要的营销武器是价格。它们建立和推动自己的品牌，并且不断要求在商业促销、产品仓储和商品陈列等方面获得更大的补偿。

品牌延伸：许多公司都已对现在的品牌进行同品类的延伸，推出新产品。许多此类品牌实力雄厚，令人生畏。比如宝洁、统一等。

全球化：虽然企业已经将全球化作为开拓新市场和增加潜在收益来源的工具，但是它也导致了现有市场上竞争对手的大量增加，这威胁了企业现有收入的来源。

第五，成本增加。

随着竞争的加剧，导入新产品或支持现有产品的成本也迅速增加，这使得要达到前几年的品牌投资和支持水平变得越来越困难。

第六，专业的品牌服务能力的提升。

目前在中国整个品牌服务链中，广告、公关、营销策划、市场调查等专业环节已经比较成熟，但是在品牌战略、品牌经营模式、品牌管理体系建设、品牌资产评估与经营领域还缺少专业的机构和人才，而这几个方面正是未来中国企业发展需要突破的瓶颈。

精彩回顾

1. 企业要想获得长久的、持续的增长与成功，创建强势品牌是必然之选。

2. 企业家只有从战略高度来确定品牌发展方向，从顾客角度设计品牌产品和服务，从组织角度来保证品牌经营能力，才有可能创造出真正意义上的品牌。

1

附录：

课程推荐

朋友：

您想打造赚钱机器，成为成交高手吗？杜云生创富教育机构为您准备了以下课程：

“绝对成交”、“绝对成交高级班”、“赚钱机器”、“公众演说”、“无敌谈判”、“20倍保证班”、“财富创造大会”、“向命运挑战”、“青少年创富班”、“NAC心理学”。

无论您参加哪个课程，都将受益匪浅，财富之流将如潮水般向你涌来，让你获得非凡的成就！请别错过每一个机会喽！

请来电咨询报名：020-86589479　13724012259

《绝对成交》课程简介

《绝对成交》实战课程，让您完成由销售业务到销售精英的蜕变！三天两夜，杜云生老师全程陪伴，倾力亲授！

第一天：

您将在第一天中为这套世界级的成交训练打下扎实的基础。杜老师将会在一天的时间中培养您坚实的发问基本功。在彻底纠正您错误的销售习惯后，训练您的发问技巧，像条件反射一样简单。基本功扎实后，才开始教您完美销售的具体步骤。

第二天：

杜老师将训练您如何大幅度地提高您在顾客心目中的信赖

感，教会您如何洞察人心和如何促使顾客下定决心，以及如何倍增产品价值的塑造方法。在第二天中，您会感受到：由于基本功的扎实，您的成交技巧已有大幅度的提高。

第三天：

在第三天的早上，您将参与一个游戏，它是如此地震撼您的大脑。一上午会冲击着您过去传统的销售习惯，彻底颠覆您对销售的看法。您会将发问的基本功轻松地应用到处理顾客抗拒的六大步骤上，并且您会看到您的成交技巧已经真实地为您带来收入和业绩。第三天的您，确实会迫不及待地想要冲出教室去成交顾客，把话说出去，把钱收回来。

两项承诺：1. 课后不满意退款　　2. 课后满意无数次复训

《赚钱机器》课程简介

《赚钱机器》——追求财务自由的终极课程！

第一天：打造赚钱机器的八大步骤

第一课　打造赚钱机器的八大步骤。决定你人生的命运方程式和人脑五大软件是什么？

第二课　所有致富的关键是什么？你为什么陷入为钱卖命却始终没钱的怪圈？

第三课　四两拨千斤的财富秘密。如何创造永续不断的财富管道和解决价值亿万的问题？

第四课　趋势：不可逆转的财富流向。时机：瞬间改写命运，该出手就出手。

第五课　决策力法。激发行动力的五大步骤。

第二天：将你的企业打造成自动印钞机

第一课　打造企业机器的八大关键。世界上有四种人，你属于哪一种？

第二课　企业的铁三角组织架构。赚大钱是团队运动。

第三课　如何几何式倍增企业业绩？《行销机器》创造第一品牌。

第四课　谈判：世界上赚大钱最快的方法。演讲：销售的最高境界。

第五课　系统：让你企业自动、完美、高效地运转。

第三天：财务自由的六大关键

第一课　创造财富的四种方法和财务自由的六大关键。

第二课　穷人、富人、中产阶级的花钱模式。如何一劳永逸地解决财务问题？

第三课　《时间的机器》如何越省力越赚钱？如何让时间投资获得最高回报率？

第四课　财道：吸引钱的定律。

两项承诺：1. 课后不满意退款　　2. 课后满意无数次复训